90分でわかるアニメ・声優業界

落合真司

青弓社

90分でわかる
アニメ・声優業界

目次

装画——ものしろ
装丁——山田信也［スタジオ・ポット］

序章

ガラパゴスな
アニメ文化

深夜アニメを手当たり次第に録画するので見ても見ても追いつかない。読んでいないコミックスもたまっていく。パソコンのスピーカーからはアニソン神曲メドレーかアニラジ（アニメや声優に特化したラジオ番組の総称）が常に流れている。そんな日々を送っているわたしは、メディアやブームのことなど考えもしなかった。いま見ているアニメが面白ければそれでいい。グローバルなエンタメ業界におけるアニメとは……などと小難しいことはまったく考えていないので、SNS（ソーシャル・ネットワーク・サービス）でも大したことはつぶやかない。「いきなりアバンからヤバある～」と、りえしょん語（声優の村川梨衣の口ぐせ）でほぼどうでもいい感想を書くぐらいだ。アバン（アバンタイトル）はオープニング曲が流れる前の導入部分のことで、アバンが面白いと本編への期待は高まる。

アニメ作品を丹念に分析したブログを読むのは好きだが、自らアニメを深く分析してロジカルに掘り下げようとは思わなかった。しかし、日々ネットに湧き上がっては流れ去っていく膨大なアニメ情報のしぶきを浴びながら、アニメとメディアについて少し考えてみるのも悪くないと思い始めた。声優ブームやアニソン、海外の反応などの関連事象も含めて、メディア視点で考察すると面白いかも、いや、絶対に面白いはずだと思った。そもそも、海外で日本のアニメが人気なのはなぜなのか。声優ブームはいつからどうやって起こったのか。知っているようで知らないことばかりだった。

アニメにマーケティングは通用しない。アニメは流行と無関係。そんなことをよく耳にする。考えてみるとたしかに、巨人が人を食べるなんてアニメのストーリーは流行とは何の関係もない。しかも巨人が何者なのか、どこからやってくるのか、なぜ人を食べるのか、まったく不明のまま物語が進む。しかし、そのもやもやした気持ちが、逆に好奇心を強くする。そんな『進撃の巨人』（WIT STUDIO、二〇一三年に一期、一七年に二期）のヒットをマーケティング理論で予測なんてできないと思う。また『テラフォーマーズ』（LIDENFILMS、二〇一四年に一期、一六年に二期）のように、火星で無敵のゴキブリが大繁殖して改造人間とバトルを繰り広げるという発想はどんな流行にも当てはまらない。

そもそもアニメのテーマは意表を突くものが多い。競技かるたを題材にした『ちはやふる』（マッドハウス、二〇一一年から一三年にかけて二期まで放送）、プロ棋士の生きざまに迫った『3月のライオン』（シャフト、二〇一六―一七年）、落語の師匠と弟子の人間模様を戦前から平成初期までの時代の移り変わりとともに描いた『昭和元禄落語心中』（スタジオディーン、二〇一六年から一七年にかけて二期まで放送）など、若者が興味を示すテーマだとはとても思えない。しかしこれらのアニメは若者に受けがよく、『ちはやふる』と『3月のライオン』は実写映画化までされている。アニメの影響で落語の寄席に若者が増えていることがメディアでも取り上げられるようになった。

高校の自転車競技部をテーマにした『弱虫ペダル』（TMS/8PAN、二〇一三年から一七年にかけて三期まで放送）のヒットでは、高額なロードバイクを買い求める女子が増えた。若者に人気のスポーツを調査しても、サッカーや野球が上位にあがっても自転車競技はなかなか出てこないだろう。マーケティングが通用しないからこそ意外性が魅力になる。アニメを通して知らないことを知ることができるから面白い。気がつくと、いつの間にか新しい世界にのめりこんでいる。

アニメの原作は主にコミックス、ラノベ（ライトノベル）、ゲームなどだ（まれにオリジナル・ストーリーのアニメもある）。つまり、原作の段階ですでに意外性のオンパレードなのだ。スーパーマーケットの半額弁当をゲットするというそれだけの話が、激しいバトルアクションの学園アニメになったことがある（ラノベの『ベン・トー』が二〇一一年にdavid production制作でアニメ化された）。意外と言えば、直木賞作家である三浦しをんの小説『舟を編む』（光文社、二〇一一年）がアニメになり（ZEXCS、二〇一六年）好評だった。出版社の辞書づくりの地味な編集作業の話をアニメにして面白いなんて普通は思わない。ところが、ぐいぐい引き込まれるのだ。

隙間ばかりを狙っているわけではなく、王道のアイドルものや定番の青春ラブコメ、何がどうなるわけでもないゆるい日常系アニメ、ギャグアニメなども相変わらず人気だ。王道アイドルものの『ラブライブ！』（サンライズ、二〇一三年から一四年にかけて二期まで放送）のヒットによる経済効果は五百億円と言われている。ギャグアニメでいうと『おそ松さん』（studioぴえろ、二〇一五―一六年）が話題になった。人気の男性声優をズラッとキャスティングしたこともあり、女性の声ヲタから熱い支持を得た。

日本のアニメは海外でも人気だが、特殊なテーマを扱っているものが、どんな受け止められ方をしているのだろうかと思う。日本アニメはディズニー映画のような、世界的ヒットにつながるユニバーサルなコンテンツではない。人を食べる謎の巨人、ゴキブリ、将棋、落語、辞書、成人してもニートの六つ子など、世界中で共感を呼ぶ内容とは言いがたい。

では、海外で幅広く人気の『ドラゴンボール』(東映アニメーション。一九八六年から放送が開始され、シリーズは二〇一七年現在も続いている)はどうか。何でもかんでも敵を殺せばいいという作り方はしていない。闘った相手があとから味方になることもあるし、たとえ死んでも生き返るという反則の設定だ。これは国や地域によって生死についての考え方や宗教観、人生観などが違うので、いちばん難しいところだ。戦争や紛争を何世紀にもわたり繰り返しているところでは、敵が味方になるストーリーに抵抗があるかもしれない。死んでからの復活は、宗教や個人の生死観によって考え方が大きく違ってくるだろう。それなのに広く世界中で愛されている。アニメ本来の面白さと説得力のなせる業か。

ラノベ原作で異世界ものだと、魔王や神などが出てくる。邪悪なものがヒーローのように表現されることもある。信仰心が強い国だと違和感があるはずだ。それでも日本のアニメの人気は高い。宗教や思想を超越した次元で人々を楽しませ感動させる力がアニメにはある。

ところで、どうして日本のアニメが海外に届くのか。届けているのは誰なのか。それ以前になぜ日本国内で見るのが追いつかないほど大量に制作されているのか。仕掛けているのは誰なのか。前述したように作品一つひとつを研究分析するよりも、あくまでもメディア視点で日本のアニメや声優、アニソンについて語っていきたい。日本独自のアニメ文化は、携帯電話のようにガラパゴス的に発展してきた。どこの国や地域にもっていっても愛されることを意識して作られてきたわけではない。それなのに海外で人気なのは不思議だ。最近は海外での配信や放送を視野に入れたビジネス展開をするようになったが、作品の内容は誰にも媚びていない。宗教や思想や政治の影響は受けていない。ガラパゴスのままだ。アニソンも同じで、日本独自の発展をとげてきた。

そして声優ブームだ。声優が声の仕事以外に歌ったり舞台に立ったり、フォトブックを出したり、テレビ番組やアニラジに出演するなど、あらゆるメディアで活躍している。特別ではなくごく当たり前にマルチな活動をしている。それも日本独特のものだと思う。わたしは、声優は単にアニメに声を入れるだけの仕事だとは思っていない。『結城友奈は勇者である』というアニメがある（一期の内容にふれるのでネタバレがいやな人は注意してください）。Studio 五組が制作し、二〇一四年に第一期が放送されたオリジナルアニメだ。主要キャラの一人が、途中で声を失ってしまう。まったく声が出なくなるので会話は筆談になる。それが何話も続く。そのキャラを演じていた声優はアフレコをする必要がなくなる。しかし、声が出ない間もずっとエンディングに声優の名前がクレジットされているのだ。たとえ声を発しなくても、声優はきちんとそこで演技をしている。だから、その声優の名前が消えずにクレジットされ続けたのだ。そんな声優について、やはりメディア視点であれこれ語ってみたいと思う。

本書の表記（言葉の選び方や表現なども含む）について少し断っておきたい。本書でヲタクという場合、アニメや声優やアニソンが好きな人を対象にしている。わたし自身がヲタクなので、同志として親愛の意味を込めてヲタクと言っている。決して軽蔑した表現ではない。なお、アイドルヲタクや鉄道ヲタク、プロレスヲタクなどのヲタクは本書では扱わないので、ヲタクの対象となる範囲はあくまでもアニメ、声優、アニソンに限定している。特にアニメだけにフォーカスして語る場合は、アニヲタと表現するようにしている。声優好きは、声ヲタもしくは声優ファンとした。間違っても声豚とは表記しない。

アニソン好きの場合は、あまりアニソンヲタとは言わない（わたしだけかもしれないが）ので、アニソンファンとしているが、それよりアニソンの範囲について示しておきたい。アニソンはもちろんアニメソングのことだが、本書ではキャラソン（キャラクターソング）、ゲーソン（ゲームソング）も含めて包括的にアニソンと呼んでいる。たとえば、「アニソンの祭典「Animelo Summer Live」」と書いた場合、「Animelo Summer Live」ではアニソン以外にもキャラソンやゲーソンも歌われるので本来は言葉が足りていない。そこはすべてまとめて便宜上アニソンと呼んでいると解釈してほしい。

省略した言葉についても書いておきたい。読みやすさを優先して一般に通用する言葉は省略形のまま使っている。アニメをわざわざアニメーションとは書かないようにしている。エンタメもエンターテインメントと表記しなくてもわかるだろうという判断による。

次に作品タイトルについてだが、たとえば『進撃の巨人』と書くと、コミックス、小説、アニメのテレビシリーズ、OAD、ゲーム、劇場版のうちどれを指すのか不明だ。劇場版はアニメと実写の両方がある。したがって、実写劇場版『進撃の巨人』というふうに作品タイトルの前に媒体を明示することにした。ただし、本書ではテレビシリーズを最も多く取り上げるので、テレビシリーズの場合はタイトルだけでその前には何もつけていない。作品タイトルだけならテレビシリーズのアニメだと思っていただきたい。

個々の作品については、内容説明は特にしていない。どうしても作品の内容を書く必要がある場合は、ネタバレ注意の記載を必ずしたうえで説明をしている。どこまでがネタバレかという問題もあるが、前述の『進撃の巨人』の場合、巨人が人間を食べるという情報は広く知られているので、開示された初期設定はネタバレではないと判断した。また、作品名のあとに制作会社名と最初に発表された年を入れるようにしている。わたしが友達とアニメの話をしているときに、制作会社や放送されたのがいつかという話になることが多い。したがって制作会社と発表年をわかるようにした。劇場版も同様の扱いにする。一度表記すると、あとはくどくなるので二回目以降は書かないようにしている。ただし、文章の流れ上、制作会社と発表年を書かないほうがスムーズに読めて、それらの情報が不要だと判断した場合は割愛している。

アニメ以外のテレビ番組については、放送年月日、放送キー局を入れている。アニメは放送局の関係が複雑なため（たとえば東京でフジテレビが放送していてもローカルではフジ系列以外の局が放送する場合がよくある）局名は書いていない。書籍や雑誌は出版社名と発売年を記した。読みやすさや文章のリズムを考えて、これらを基本ルールとして進めていきたい。

まず、アニメのメディア展開を把握する入り口として、声優ブームに注目したい。声優の存在はメディア展開に深く関わっているので、声優ブームから語るとメディア全体をよく俯瞰できると考えたからだ。しかし、声優なんてグローバルなメディア論の核じゃない、アニメの現状から語ってくれ、という読者もいるかもしれない。そこで、声優ブームを紐解くためのイントロダクションとしてアニメの現状に少しふれてから、声優について切り込んでいくことにしようと思う。

第1章

声優ブームとエンタメ業界

アニメが世界のエンタメになる日

一九九〇年代、アニメの年間放送数は百タイトルもなかった。それがいまでは一年に三百タイトルを超える本数が放送されている。東京や大阪だと、地上波でアニメを放送していない曜日はない。深夜から朝方までアニメ番組だけをハシゴできる曜日もある。

セル画を一枚一枚描いていた時代から3DCGになったことで制作スピードが上がり、アニメが量産されるようになった。以前からアジア各国に制作を外注してきたが、ネットワークやシステム化が進んでデータのやりとりがスムーズになったことも大きい。日本のアニメ制作会社が東南アジアに現地法人をもっているケースもあるし、有能な人材は直接日本に来て仕事をしている。しかし、それだけが制作本数の増加要因だとは言い切れない。

技術の進歩が量産に直接つながっているのではなく、作品のクオリティーを向上させるためのエネルギーと時間に吸収されてしまっているためだ。テクノロジーがどんなに進んでも、人の手で精密に描き込まなければ良質なアニメは生まれない。背景美術ひとつとっても、視聴者は本物を超える美しさを求める傾向にある。美しく仕上げられるのは最先端のテクノロジーのおかげでもあるが、何もない白紙の状態からコンピューターが勝手に描いてくれるわけではない。手が込んだものを作ろうとすれば当然時間がかかる。外注先からあがってきたものをリテイクすると、そこでもやはり時間がかかる。効率化が進むことで生まれた時間の余裕は、作品の質を上げるためにすぐさま消化されてしまう。結局、アニメ制作の現場はいつも時間との闘いになる。ときには万策尽きて放送に間に合わなくなり、まだ中盤手前なのにそれまでの総集篇を放送する事態になることもある。

では、なぜ年間三百タイトル以上ものアニメが制作されるのか。アニメ放送のオープニング（以下、OPと略記）とエンディング（以下、EDと略記）を見ていると、必ずと言っていいほど「○○製作委員会」という文字を目にする。たくさんのタイトルが作られているいまの時代だからこそ、製作委員会なくしてアニメは完成しない。では、製作委員会とは何か。

アニメ放送の一クールは、三カ月で十二話前後になる。この一クールのために二億円から三億円ほどの資金が必要になる。深夜アニメの場合、長くても二クールまでで、それ以上ストーリーが続く場合は、半年や一年、あるいはそれ以上あけて二期、三期というふうに制作されていく。海外では同じアニメを何年間も継続して放送するのが普通で、『ONE PIECE』（東映アニメーション、一九九九年から二〇一七年現在も放送中）や『NARUTO―ナルト―』（studio ぴえろ、二〇〇二―一七年）が多くの国で放送されているのは、話数が多いことから長期間の放送が可能だからだ。

深夜アニメの一クールに二億円から三億円をたった一社がまるまる抱えてしまうにはリスクが高すぎる。もしまったくヒットしなかったら、投資したお金が三カ月で消えてしまう。だが、複数の企業が集まって資金を出し合う製作委員会を作れば、その分リスクは低くなる。

製作委員会に参加する企業は、それぞれに重要な役割がある。具体的には、原作の版権をもつ出版社。アニメ化が決定すると、自社の雑誌媒体などで告知したり特集記事を組んで大きく宣伝できる。次に広告代理店だ。広告代理店は、テレビ放送の枠を確保して、タイアップを企画し、広告も引き受ける。アニメ制作会社は、文字どおりアニメの制作に当たる。さらにテレビ局や映像配信会社が加わる。DVDやブルーレイなどの映像パッケージ（以下、円盤と略記）やCDやデータでの楽曲のリリース（通常CDも円盤と表現するが、映像メディアと分けたいので音楽はCDのままにする）を担当する会社も製作委員会に加わる。さらに、海外向けに権利販売を請け負う企業もときには参加する。つまり、リスクを分散しながら、各企業の得意分野で攻めることができる最強パートナー集団なのだ。そのパートナー同士をまとめるリーダー役の会社（幹事会社）が、全体の意見調整や進行、宣伝戦略などのプロデュースをする。

短いサイクルで大量に作って、たまたまヒットすればラッキーというものではない。製作委員会は参加するアニメを絶対にヒットさせて覇権（そのクールで放送されたアニメのなかでいちばんのヒット作）をとりにいく、長く愛してもらえるものにする、といった共通した強い意志と団結のもとで動いている。製作委員会の作品に対する愛情が、そのまま作品に反映される。たとえば原作を手がけている出版社が入ることで、原作とかけ離れたアニメが誕生したり、原作のイメージを壊すようなグッズが販売されることがなくなり、結果として原作ファンをがっかりさせることもなくなる。

最近のアニメ作品の現状として、放送後に円盤が少し売れたぐらいではとても十分な利益は確保できず、二期の制作にもとりかかれない。関連グッズやイベント収益、海外での権利などの総合ビジネスとして成立しているのが現在のアニメだ。だから製作委員会はエンタメ業界の各分野の企業で構成されている。

放送前からプロモーションやキャンペーンを仕掛け、アニラジや動画配信などが始まり、イベントを開催し、コラボ商品やグッズの販売、ときにはコンビニエンスストアでのキャンペーン展開や作品イメージに合わせたカフェなどの実店舗が出現し、円盤用の特典を制作して……、といったふうにあの手この手で興味を引く工夫がされる。もしそれらを製作委員会でおこなわずにたった一社でやるとしたら、リスクが膨らむだけでなく多数のメディア展開は困難だ。

複数企業の総力で作り上げられるアニメだが、一社でエンタメのほぼ全分野をカバーしている企業がある。KADOKAWAグループだ。アニメの原作となるコミックスやラノベを多数もっているのが最大の強みだ。ラノベでは誰もが知る有名ブランド「電撃」をもっていて、ヒット作をコンスタントに出している。さらに、メディア展開の中枢となる部署「ライセンス調整部」を統括窓口として機能させている。たくさんの媒体が複雑に交差するようになると、このような統括部署が活躍することになる。

アニメやゲーム制作から出版部門まで広くカバーする会社がKADOKAWAグループのメディアファクトリーで、深夜アニメを見ているとCM（コマーシャル）がよく流れている。メディアファクトリーは音楽レーベルももっていて、主に声優が所属している。映画事業は自社で出版した小説の映画化を昭和の時代からずっとやってきているので、文句なしに得意分野と言えるだろう。コンテンツ配信では「ニコニコ動画」のドワンゴと経営統合しているし、「dアニメストア」のドコモ・アニメストアと業務提携もしている。フィギュアやグッズの販売サイト「えむえふGoodsNavi」「キャラアニ.com」などもKADOKAWAグループだ。

KADOKAWAは海外にも強く、中国や台湾、香港、マレーシアで出版事業の実績がある。出版以外では、中国でのシネコン経営や台湾のアニメイト経営に参加している。二〇一六年には、北米で日本のマンガを翻訳出版する業界二位のYen Pressを子会社化している。北米でのアニメ配信では、大手のCrunchrollと一六年に業務提携をおこなっている。

これだけのエンタメ事業を自社グループだけで網羅してしまう企業パワーがあれば、ヲタク・コンテンツのグローバル展開に何ら不足はないと思う。それでもKADOKAWAは、何から何まで自社で完結しようとはせずに、グループ外の企業や外部の有能な人材を引き込んで製作委員会を立ち上げることも多い。

いずれにしても、たったひとつのアニメを三カ月放送するためにこれだけ多くの企業が集まり、世界中のアニヲタに届けようと必死になっている。それでも、ヒットするものもあれば思うように売れないものもある。円盤や関連グッズが売れ、続篇や劇場版が制作されるのはほんのひと握りなのだ。そのアニメが三カ月間放送していたことさえ二、三年たてば忘れられてしまうかもしれない。キャスティングされた声優や監督、ましてやどこの会社が制作したかなど覚えている人はまれだろう。アニメ制作会社の四社に一社が赤字経営という話や、ほとんど休みなく働いて年収百万円程度というアニメーターの実態などがよく報道されている。手がけたアニメ作品がどんなにヒットしても、製作委員会に加わっていない制作会社や下請けには潤沢な資金が回ってこないのも現状だ。それでも、アニメ制作に関わる人たちは日々奮闘している。気がつけば日本独自に発展をとげたエンタメ・ビジネスのシステムが構築されている。こんな手法とクオリティーでアニメを量産しているのは日本だけだろう。「日本が世界に誇る」という形容がふさわしい文化なのだ。

マルチタレント化する声優

世界中から注目されるアニメの声優になりたい。そう思う人が年々増えている。いまや声優の仕事はアニメだけではなく多岐にわたっていて、ゲームの声や外画（海外ドラマや洋画）の吹き替え、ナレーション、ボイスオーバーといった仕事に加え、イベント出演や音楽活動（歌うだけでなく楽曲制作に関わることもあるし、長期ツアーにも出る）を国内外でおこなう。テレビやラジオ、雑誌などの媒体にも登場する。声優やアニソンをメインにしたテレビ番組への出演がある。ラジオでは新人もベテランもレギュラー番組をもつことが多い。アニメ雑誌や声優専門の雑誌、フリーペーパーなどから取材を受ける。それらの媒体で連載コラムをもつこともある。女性声優はもちろん、男性声優でも写真集を出す時代だ。俳優として舞台やドラマ、映画、MV（ミュージックビデオ）にも出る。舞台はミュージカルや朗読劇など形態はさまざまだ。そうかと思えば、学園祭に呼ばれてトークショーをする。声優を育成する専門学校で講師をするケースもある。だから声優はマルチタレントなのだ。

裏方ではなく表に出て華やかに活躍する姿に憧れて声優を目指そうと思う人も多い。いくらアニメが年間三百タイトル以上も放送されているとはいえ、声優になるのは狭き門だ。もしその華やかなマルチタレントの域にたどりついたとしても、ずっと人気をキープして活躍し続けるのは本当に難しい。ひたすら険しい道が続く。たとえ主役の座を勝ち取っても、次のクールは一本も仕事がないかもしれない世界なのだ。それでも、あるいはそれだからこそ憧れの仕事として目指したいと願うのかもしれない。

では、そんな競争の激しい世界で、マルチタレントとしてメディア展開の重要な一端を担うスター声優がどのようにして誕生するのか。その過程とデビュー後の活動について書いていこうと思う。声優への道はいくつかあるが、たとえば声優を育成する専門学校で勉強する方法がある。「声優」「専門学校」でネット検索すると、選ぶのに困るほどたくさんヒットする。東京以外の地方都市にも学校はあるので、地元でも学ぶことができる。

声優学科や声優コースがある専門学校は、ほかにもアニメ、マンガ、ラノベ、イラスト、ゲーム、アニソン、演劇などの専攻分野を併設している場合もある。いわゆる総合校だ。たとえば、もともとイラストレーターやグラフィックデザイナーを育てる学校だったが、少子化の影響で学生数が減ったことから、分野を広げてアニメーターやマンガ家、ラノベ作家などを育てるコースを増やしていったパターンがある。ほかにももともとは音楽の専門学校だったり、放送や映像の専門学校だったり、ゲーム制作の学校といったふうに本来の専門分野はさまざまで、エンタメ分野全体に教育の間口を広げていく過程で声優ブームに乗って声優育成の部門が誕生したわけだ。

このような専門学校は体験授業を頻繁に実施している。カリキュラムやデビューまでのサポートの話も聞けて、教室の設備も見学できる。教室が美しく豪華なスタジオがあってデビューの実績は一〇〇パーセントだと言われると、いまにも夢が実現しそうな気になる。二年後にはプロの声優としてデビューが確約された錯覚におちいる。この学校に決めてもいいかなと思ってしまうが、たいがいどこの学校の体験授業や学校説明会に参加しても大差はない。うちは百人に一人しかデビューできませんとは言わない。アフレコのブースはボロボロでレッスンスタジオはゴミだらけ、などという学校は皆無だろう。みんな魅力的に見せてくれる。それに、体験授業のときだけ豪華なゲスト講師が来たりする。しかし、その人はゲスト講師であって、普段の授業をレギュラーで受け持っているわけではない。

吟味に吟味を重ねて専門学校に入学したとする。声優になるための専門教育が始まるわけだが、ひたすらアフレコの実習をするわけではない。発声やイントネーション（アクセント）、ボイストレーニングといった基礎もおこなう。ほかに演技や表現指導の時間がかなりのウエートで組まれている。舞台演劇やミュージカルを想定した授業だ。ときには、時代劇の殺陣の練習もする。そうなってくると身体能力もアップしなければならないので、ストレッチやフィジカルトレーニングも取り入れる。オーディションに向けての指導もある。

学校によってカリキュラム内容に多少の差はあるが、声優だからといって、それだけに特化した授業をするわけではなく、学ぶことは多い。アニメ作品に声を入れることが授業の柱になっていない学校もある。声優学科の卒業発表会が舞台演劇ということも珍しくない。その理由は、声だけで演じていれば声優の仕事が務まるわけではないからだ。全身を使ってあらゆるパフォーマンスができるからこそ、声だけですべてを表現できる。だから声優は舞台に出演したり、外画の吹き替えでほかの俳優が演じた映像に新たに声を入れることができたり、歌で表現することもできるのだ。すべてのベースは演技力と言える。

声優プロダクション大手の青二プロダクションが掲げる基本理念は、「優れた声優は優れた俳優でもある」というものだ。声優と俳優は密接にリンクしている。俳優と同じくまず全身での表現があって、そこから一つひとつ封印していき、最後に声だけを残す。

青二プロダクションの理念を逆から読むと、優れた俳優は、優れた声優という理論になる。たとえば、スタジオジブリ制作のアニメは声優ではなく俳優の起用が多い。『思い出のマーニー』(二〇一四年)では、高月彩良、有村架純、松嶋菜々子、寺島進らが声の出演をしていて、登場人物のほとんどが声優ではなく俳優だ。『千と千尋の神隠し』(二〇〇一年)では、ハクの声を担当した入野自由は声優だが、柊瑠美、夏木マリ、内藤剛志、沢口靖子、上條恒彦、菅原文太ら主要キャストのほとんどが俳優だ。『もののけ姫』(一九九七年)でも、松田洋治、石田ゆり子、田中裕子、小林薫、森繁久彌、西村雅彦らは俳優である。

ジブリ以外を見ると、細田守監督の劇場アニメ『時をかける少女』（マッドハウス、二〇〇六年）でも、やはり仲里依紗、石田卓也、板倉光隆、原沙知絵、谷村美月と俳優が名を連ねる。同じく『バケモノの子』（スタジオ地図、二〇一五年）は、役所広司、宮﨑あおい、染谷将太、広瀬すず、大泉洋、津川雅彦といった若手からベテランまでさまざまな俳優がキャスティングされている。

二〇一六年に大ヒットした新海誠監督の劇場アニメ『君の名は。』（コミックス・ウェーブ・フィルム）で身体が入れ替わる二人の主人公は神木隆之介と上白石萌音が演じていて、ともに俳優だ。

『進撃の巨人』の主人公をはじめ数々のアニメで主役級の声を担当してきた声優の梶裕貴は、「もし自分に声の特徴という武器があったとしても、それを捨てるくらいのつもりで、お芝居だけで勝負したいと思っている」と語っている（『声優バイブル2015』日経BP社、二〇一四年）。

声優アワード主演男優賞や「アニメージュ」（徳間書店）のアニメグランプリなど多くの賞を獲得している声優の宮野真守は、七歳で劇団ひまわりに入っている。スタートは俳優で、テレビCMやミュージカルにも出演したが、なかなかブレイクできない日々が続いていた。二〇〇一年、高校三年生のときにやっとNHKの海外ドラマ『私はケイトリン』の吹き替えのレギュラーをオーディションで勝ち取った。その後、映画『ハリー・ポッターと賢者の石』（ワーナー・ブラザース、二〇〇一年）の生徒役や、アニメ『WOLF'S RAIN』（BONES、二〇〇三年）の主役など順調に仕事が決まっていく。すると今度は俳優の経験を生かしたミュージカル『テニスの王子様』（二〇〇三年）の出演が決まる。

そんな乗りに乗っている宮野が次にとった行動は、一年間じっくりと劇団でレッスンを受けることだった。普通なら、声優や舞台の仕事にもっと挑戦して実績をつくっていこうと考えるだろう。しかし、原点に戻って劇団で再びレッスンをする道を選んだ。おそらく、声優や舞台をやってみて、その原点の大切さを思い知ったのだろう。大きく前進するために俳優としての修業を望んだのだと思う。

宮野は、いまでは『亜人』（ポリゴン・ピクチュアズ、二〇一六年）や『Free!』（京都アニメーション、アニメーションDo、二〇一三年、一四年）など三百五十作品以上のアニメに声優として出演したキャリアをもつ。また、稽古から上演も含めて三カ月以上も要するミュージカルの舞台にも出て、全国ツアーをすればアリーナクラスが満員になる（男性声優として初の武道館単独公演をおこなったのが宮野真守で、チケットは一分で完売した）。その間も、外画の吹き替えやゲームの声の仕事もこなす。その原点は、俳優としての演技力なのだ。

いま、声優を目指している人全員が宮野真守のようなトップスターになれないし、声優になれたとしても多方面で活躍するチャンスがあるともかぎらない。それでも俳優の演技は、あらゆる表現のベースになる最重要スキルと考えられている。だから専門学校では演技指導に力が注がれている。

演技と並行してたたき込まれるのが礼儀作法だ。声優業界は、先輩後輩の上下関係が特に厳しい。たとえ超売れっ子の声優でも、先輩に対してタメ口なんてありえない。先輩は先輩として敬わなければならない。女性声優の場合、キャリアはバラバラなのにまるで同期の友達のような口調で会話をしていることがある。そういう姿を動画共有サイトなどで見て、先輩と後輩でもカジュアルにやっていけばいいんだと思っていると先輩から叱責されることになる。和気あいあいとしゃべっていても、さりげなく気を使っている。フランクに話せる仲になるまでにきちんと礼儀を守り信頼関係を築いているのだ。

礼儀作法のほかにも、授業が始まるまでにストレッチや発声練習を終えておくように指導される。授業が始まってからウォーミングアップしていては遅い。実際の仕事に置き換えると、アフレコの本番が始まってから発声練習をするようなものだ。それは素人が考えても準備不足だとわかる。

声優になるためのさまざまな授業を受け、専門学校を卒業したとする。そのあと、どのようにして声優への道を進んでいくのか。

声優養成所から先に進むための高い壁

専門学校に在学中、オーディションを受ける。受かれば晴れて声優デビュー、というわけではない。このオーディションは養成所に入るためのものだ。アニメや外画の声優をプロではない一般から採用することはまずない。制作者サイドの意向で特別に一般公募することや、話題づくりとして未経験者を対象にオーディションすることはあるが、それはごくまれなケースだ。それに、そういうオーディションに合格したからと言って、今後コンスタントに声優の仕事があるという保証はない。プロの声優でもオーディションを受けるチャンスを手にできる人とそうでない人がいるのが現実だ。

専門学校を卒業して次のステップは声優養成所ということになる。声優プロダクション付属の養成所が多いので、自分が入りたいプロダクションが運営する養成所を目指すことになるだろう。専門学校でしっかり特訓を受けていれば、養成所のオーディションに落ちることはあまりない。よほど入所志望者が殺到して人気の場合は落ちてしまう人もいるが、どこの養成所も入れてくれませんでしたということはないだろう。つまり専門学校の入学案内パンフレットやウェブサイトにオーディション合格率一〇〇パーセントと書いているのは嘘ではないと思うが、それを声優デビュー一〇〇パーセントと勘違いしてはいけない。あくまでも養成所の試験に合格した学生が一〇〇パーセントなのだ。

声優養成所は無料だと思っている人がいるかもしれない。専門学校を卒業して、試験をパスして入所するわけだから、さすがにもう授業料は払わないだろうとつい思ってしまう。卵からかえったばかりの声優のヒナ状態、ここからチャンスをものにしていけばスターとして大きく羽ばたくことも夢ではないと思っていたら大きな間違いだ。まだ卵の殻は割れてもいない。声優養成所に受講料を払ってレッスンを受けるのだ。

専門学校の場合、月曜から金曜まで授業があり、多くは二年制で所定の単位をとれば卒業できる。認可校なら、国が運営する奨学金や教育ローンを受けられる。通学定期券を購入することもできる。卒業時には専門士の称号が文部科学省から与えられる。

しかし、声優養成所は認可を受けた専門学校とは異なる。週に一度だけレッスンがあるところから月曜から金曜までぎっしりレッスンが組まれているところまでさまざまだ。レッスン料も年間三十万円程度から百万円ほどするところもある（専門学校の場合、学費は二年間で二百五十万円から三百万円が一般的）。ほとんどが一年か二年で修了する。声優プロダクションに合格するまで五年でも十年でも在籍していられるわけではない。なかには日本ナレーション演技研究所のように本科から研究科まで合わせると最大六年間も在籍可能なところもあるが、一般的には約二年のレッスン期間と考えておけばいいだろう。奨学金もないし通学定期券も買えないが、養成所によってはレッスン料を免除してくれる特待制度がある。慈善事業ではないので、レッスン料を無料にする理由は、ずば抜けた才能がある優秀な人材を獲得したいからだ。特待生に合格する者とそうでない者は、すでにその時点で実力に差がついてしまっていることになる。

声優養成所のレッスン内容は、発声や演技、歌唱、踊りなどである。なかには肉体表現の一環として空手を取り入れているところもある。武道は心身ともに鍛えられるので声優レッスンにはぴったりかもしれない。

養成所を卒業するまでに声優プロダクションのオーディションに合格しなければ、全レッスン修了後にまた別の養成所に通うことになる。そうやって養成所を転々とする人もいる。あるいは、声優養成所に研究生制度があれば研究生として残るためのオーディションを受けてレッスンを続ける人もいる。二年制の養成所も普通は一年次が修了した時点で二年にあがるための試験があるので、そこで落ちれば受け入れてくれる別の養成所を探す。そうなると、目標とする声優が所属する声優プロダクション付属の養成所に入ったものの、別のところに移ることになる。養成所を転々とすると、入りたいプロダクションからどんどん遠ざかっていく。

チャンスは実力で勝ち取るものだが、声優プロダクションによって、そのチャンスの多さも少し変わってくる。たとえばアニメの主役オーディションに同じプロダクションから十人も二十人もぞろぞろと受けにいくことはない。ひとつの役に一人しか応募できない場合が多い。また、小さなプロダクションだと、オーディションの情報さえ入ってこないこともある。

声優養成所は親会社が経営不振になれば閉鎖してしまう。たとえば、声優プロダクションのラムズは二〇一三年に破産し、関連する養成所や劇団もなくなってしまった。声優プロダクションのメディアフォースは、ドリーム・フォースボイスアクターズスクールという養成所をもっていたが、一四年に倒産して養成所も閉鎖された。最近では一六年に声優養成所のパフォーミング・アート・センターが事業停止になっている。芸能事務所のオフィスPACの所属養成所だったが、母体のオフィスPACは経営を続けている。人気の職業とはいえ、経営破綻も現実にはある。声優プロダクションから次々と人気声優が別のプロダクションに移籍を始めると、声ヲタの間で「あのプロダクション何かあるのか？」といったツイートが増えたりする。

一方、専門学校が閉校になることもあるが、認可校の場合、ある日突然張り紙が貼られて夜逃げするように学校が空っぽになることはない。計画的に学校の運営を終了させる必要があるので、学生が路頭に迷うことはない。しかし、認可校であっても閉校になってしまう可能性はもちろんある。確率で言うと、いろんな学科やコースがある総合校は破綻しにくい。音楽やゲーム、映像、デザイン、声優などのエンタメ系の学科が集合している場合、仮に声優の学科が赤字でも音楽や映像の学科が黒字なら補塡しながらでも経営ができるからだ。トータルで黒字になれば学校を閉鎖することはない。ただし、何年間も赤字が続いて入学希望者も伸びない学科があれば、その学科だけをつぶして、人気の学科を残すこともある。

声優養成所に話を戻そう。川端裕人の小説『声のお仕事』（文藝春秋、二〇一六年）のなかに「養成所放浪者」という言葉が出てくる。この小説はフィクションだが、川端が綿密に取材を重ねて書き上げた物語だ。レッスン課程が修了しても声優プロダクションに拾ってもらえず、複数の養成所を渡り歩く人のことを「養成所放浪者」と呼んでいる。小説のなかでは、芽が出ない本人の焦りが描かれている。レッスンを積んでいる分、プロ顔負けのうまさにまで上達している。それでもオーディションに合格しない。何が悪いのか自分でもわからない。誰だって焦る。

Blu-ray『電波教師』第1巻（アニプレックス、2015年）

小説のなかに合格しない理由が書いてある。専門学校でも養成所でも、練習する台本は放送された既存のものだ。プロ顔負けのうまさというのは、そのアニメに出演した声優の完全コピーができるという種類のうまさなのだ。だがプロの声優は、まだ世の中に出ていない作品に初めて声を入れるのが仕事で、誰のコピーでもなく自分で一から役を作り上げる。その差は大きい。いくらプロの声優を完璧にまねできても、自分で解釈して研究もして役づくりができないと「養成所放浪者」になってしまう。

声優プロダクションの所属になるためのオーディションは年度末におこなわれ、自己ＰＲや原稿読み（台本は当日渡されるので事前に練習はできない）などの試験を受ける。仮に、見事合格したとしよう。晴れてあこがれの声優としてプロデビューかと言えば、まったくそうではない。まず仕事を獲得できるかどうかの闘いと、生き残っていけるか、生活できるかという問題がある。

そこで、何か近道はないかと考えてみよう。声優ではないタレントが声優をすることがある。たとえばアニメやマンガ、鉄道などのヲタクを公言している松井玲奈は、『電波教師』（A-1 Pictures、二〇一五年）で声優デビューしている。松井は神谷浩史の大ファンで、『電波教師』のなかで二人は兄妹という設定だ。アニメが好きというだけでいきなり声優デビューして、憧れの声優と一緒にアフレコまでできてしまう。それは不公平でズルいと思うかもしれない。

しかし、冷静に考えてみよう。松井玲奈は、SKE48でセンターに立ち、「AKB48 37thシングル選抜総選挙」で五位になり、乃木坂46でも活躍した。CM、ドラマ、映画、舞台など、いろんな仕事で実績を残している。歌はもちろん芝居や表現の努力は並大抵ではないだろう。その努力に何か不公平があるのだろうか。松井も最初は素人の一般人だった。芸能界にコネがあったわけではないのだ。そこからの努力だ。

では、たとえば親が声優だったらどうだろうか。『HUNTER×HUNTER』第二作（マッドハウス、二〇一一―一四年）の主人公ゴン＝フリークスや、『俺物語!!』（マッドハウス、二〇一五年）の大和凜子、『ブブキ・ブランキ』（サンジゲン、二〇一六年）の万流礼央子などを演じた潘めぐみは、母親が声優の潘恵子だ。潘恵子と言えば『機動戦士ガンダム』（日本サンライズ、一九七九―八〇年）のララァや、『聖闘士星矢』（テレビ朝日、東映動画、一九八六―八九年）の城戸沙織、『美少女戦士セーラームーン』シリーズ（東映動画、一九九二―九七年）のルナなどで有名だ。では、潘めぐみは母親である潘恵子のコネで声優になったのか。

潘めぐみは、潘恵子の娘であることを隠してオーディションを受けて映画『櫻の園』（アルチンボルド、二〇〇八年）の役を勝ち取り、まずは俳優としてスタートした。それどころか声優になりたい気持ちを母親に打ち明けられず、内緒でボイストレーニングに通った。大学では演劇学科で芝居を学んだ。芝居をしたいのは嘘ではなかったが、声優になりたいとはなかなか親に言い出せなかったそうだ。

ついに本当の気持ちを親に伝えて声優養成所に通うようになる。地道に努力を積み重ねて、声優デビューを果たしてからは、『HUNTER × HUNTER』第二作に母親と出たり、映画『キャリー』（ソニー・ピクチャーズエンタテインメント、二〇一三年）の吹き替えで主人公の女の子と母親の声を潘親子がおこなうなど話題になった。ちなみにその『キャリー』は、一九七七年に日本で公開された第一作のリブート版（新しい解釈で一から作り直したもの）として二〇一三年に公開された。もとになった第一作で主人公を演じたのが母親の潘恵子だったので、不思議な縁である。親子共演は話題づくりの意図があったかもしれないが、実力が伴わなければ話題にさえならない。それどころか、あの吹き替えはひどいと酷評されかねない。潘めぐみは、親の力ではなく自力で結果を出してきたのだ。

大塚明夫（外画の吹き替えで、スティーヴン・セガール、デンゼル・ワシントン、ニコラス・ケイジなどの声を担当）の父親は、俳優であり声優の大塚周夫だ。大塚周夫が『ゲゲゲの鬼太郎』（東映動画）でねずみ男を演じていたので（一九六八―六九年の第一シリーズと七一―七二年の第二シリーズ）、息子の大塚明夫は学校でよくいじめられたそうだ。大塚明夫の『声優魂』（星海社、二〇一五年）によると、大塚明夫が声優の道を歩き始めると業界内で、どれだけできるか見せてみろ、お前なんか認めてやらないぞ、という態度をとられたこともあったという。そうなってくると、身内に声優がいることがプラスにはたらくどころか逆風になってしまう。どちらにしても声優に近道はないということだ。

近道はないが、どこの声優プロダクションに入るかで、もしかしたらその後の仕事に有利

コミックス『BanG Dream!』第1巻（ストーリー原案：中村航、原作：ISSEN、マンガ：柏原麻実、KADOKAWA、2016年）

不利は生じるかもしれない。有利なのはパッケージ番組をもっているプロダクションだろう。アニメに制作協力やキャスティング協力をしているプロダクションだと、どの声優を使うかの決定権をもっている。だからと言って、アニメの声優全員を一つの声優プロダクションが独占することはまずないが、オーディションの情報さえ回ってこない小さなプロダクションと、パッケージ制作の番組をもっている大手となら、有利不利の差は確実にある。

また、提携するプロダクションがたくさんあるところも有利だろう。アーツビジョンという声優プロダクションは、アイムエンタープライズやヴィムスといったプロダクションと提携している。そのアーツビジョンの付属声優養成所が日本ナレーション演技研究所（以下、日ナレと略記）で、なんと日ナレが制作協力をしているアニメもある。日ナレ出身で提携グループのプロダクション所属の声優には、ほかの環境の声優よりは仕事のチャンスが多いかもしれない。アニメのエンドタイトルに、「制作協力」や「キャスティング協力」として声優プロダクション名が表示されているので、誰でも簡単に確認できる。

また、アニメ制作に関わっている会社の系列を調べていくと面白い。たとえば、響という声優プロダクションは、ブシロード系列の会社のため、ブシロードが制作協力しているアニメのキャスティングでは有利なことがある。『BanG Dream!《バンドリ》』（ISSEN×XEBEC、二〇一七年）は、雑誌「月刊ブシロード」（ブシロードメディア）に連載したコミックが原作だ。ブシロードはアニメの製作委員会にも参加している。『BanG Dream!』の作中に登場する声優バンドユニットPoppin'Partyの五人中三人が響の所属、一人がブシロード系列の芸能プロダクション所属、一人がホリプロ所属（ホリプロも『BanG Dream!』の製作委員会に加わっている）だ。

だから誰もが大手の系列や提携プロダクションにいこうとする。そういうプロダクションの所属養成所に入ろうとする。結局、競争率は高くなる。有利かもしれないが、そうでなくても狭き門が、さらに狭くなる。

アニメがエンタメ・ビジネスとして注目されているからには、声優もエンタメ業界のパワー競争に巻き込まれることになる。それは養成所時代からすでに始まっているのだ。

新人声優の収入が少ない理由

長い修業時代を経てやっと声優プロダクションの所属になれたとする。最初の三年間（二年間のところもある）はジュニア、もしくは預かりという契約になるのが一般的だ。たとえ三十歳で契約してもジュニアと呼ばれる。呼ばれ方はどうであれプロなのだから、さすがにもうレッスン料は払わなくてもいいはず、いや、長く苦しいレッスンからはもう卒業だ、などと思っていると、始まったばかりの声優人生はそこで終わってしまうかもしれない。

ジュニアや預かりというのは、声優プロダクションの社員に名前さえ覚えてもらえないレベルだ。当然、じっと待っていても仕事はこない。仕事がない間もレッスンに励まなければならない。その場合、レッスン料は自腹である。オーディション会場やアフレコの現場までの交通費も自分で支払う。ちなみに台本をプロダクションに取りにいくときも自費だ(マネージャーが届けてくれることはない)。細かいことだが、ノドをケアするものやイベントで着る服も自分で用意する。

イベント出演の衣装は、もったいないからと着回しするわけにいかない。ほかのイベントや取材などに同じ衣装を着ていくと、SNSにいつも同じ服と書かれてしまう。ステージに立つために買った服なので普段着にもできず、一度袖を通しただけの服が増えていく。新人の場合、衣装代を捻出するのにも苦労する。

給料やボーナスはなく、仕事をした分のギャラだけが振り込まれる。だから、仕事がなければ収入はゼロになる。声優の浅野真澄が、新人のときに初めて振り込まれたギャラが七千円だったと『浅野真澄×山田真哉の週刊マネーランド』第五十八回(文化放送、二〇一六年五月二日放送)で明かしている。声優アワード最多得票賞を五年連続受賞して殿堂入りを果たした神谷浩史でさえ、年末に振り込まれたひと月分のギャラが六千二百円だったことがあるという(前掲『声優バイブル2015』)。

駆け出しの新人の場合、振り込まれるギャラがあるだけまだましかもしれない。ジュニアや預かりになっていちばんの問題が経済面だ。アルバイトをしながら、ときには親から仕送りをしてもらい、声優として活動していく。東京周辺に実家があるなら少しは経済的に楽かもしれない。どちらにしても声優のギャラだけでは食べていけない。それに、ある日突然、仕事が入ることもある。スケジュールを立てられないので、あらかじめアルバイトのシフトを出せない。バイトがあるので声優の仕事を断りますとは言えない。そうでなくても数少ないチャンスなので、たとえバイトをクビになっても声優の仕事を優先しなければならない。声優の仕事に理解があり応援してくれる個人経営の店や知り合いの会社でのバイト、長期ではなく単発バイト、アフレコの収録時間と重ならない早朝のバイトなどのように、働ける条件が限られてくる。

二〇一五年三月二十五日に放送された『ナカイの窓』（日本テレビ系）の声優特集で、神谷明（『北斗の拳』〔フジテレビ、東映、一九八四―八七年〕のケンシロウや、『名探偵コナン』〔V1Studio、一九九六年から二〇一七年現在も放送中〕の毛利小五郎〔五百四十八話まで〕など）が声優のギャラについて明かしている。三十分のアニメの場合、最低ランクの声優で一万五千円（一話分）が基本額になる。

神谷明が言うランクとギャラは、日本俳優連合（通称・日俳連）が定めたランクによる金額のことだ。ジュニアランクが一万五千円で、一ランクごとに千円ずつ上がっていく。最高ランクになると四万五千円になる。人気や実績に関係なく、キャリアでランクが上がっていく仕組みだ。とはいえ、声優として生き残ることができなければキャリアも積めないので、ベテランほど報酬が高くなるのは納得がいくルールだろう。逆にキャリアが浅くても人気があれば歌やイベントなどの仕事も増えるだろうし、そういったギャラはランクとは関係なく支払われるので（アニメと吹き替えだけがランク制）、実力に伴って収入も自然と上がっていく仕組みはきちんと守られている。

日俳連が定める最高ランクのさらに上になると超がつく大御所声優で、個別に交渉ということになる。たとえば『ドラゴンボール』でおなじみの野沢雅子は声優界の人間国宝とも言うべきレジェンドだ。孫悟空も悟飯も悟天も野沢以外では考えられない。その野沢のギャラは、四万五千円ではなく交渉によって決められている。

ちなみにランク分けによるギャラの設定制度は、日俳連に加入している声優だけが対象になる。加入していない声優の場合はランクもギャラも縛りは一切なくなるので、新人もベテランも交渉で決まる。日俳連の定めによると、ギャラはセリフの量とは関係なく支払われる。主役か端役かで差もない。主役が膨大な量のセリフを言っても新人なら一万五千円だ。逆に、最高ランクの声優がたった一行だけセリフを言うだけでも、四万五千円のギャラが支払われる。制作サイドにすれば、セリフが少ない場合や主役級ではない声優に高いギャラを払わずにすむ方法として、日俳連のランクを考慮してキャスティングしたり、役によっては日俳連に加入していない声優を使うこともできる。声優の起用は基本的にオーディションで決めるが、その選考基準にルールはない。アニメ制作の現場は資金があり余っているわけではないので、キャスティングとギャラの関係はシビアだ。

やたら声優陣が豪華で大人数のアニメがたまにあるが、イベントやグッズ、パッケージ、配信などトータルビジネスとして綿密な試算を製作委員会がおこなったうえでのキャスティングだろう。人気声優をずらりと並べれば、視聴してくれるファンも多くなるし話題性もある。イベントやグッズ、円盤の購入も期待できる。ところが、まだファンが少ない新人声優を数だけそろえても、たしかにギャラは安くすむが、イベントはがらがらで関連商品も売れないという事態にもなりかねない。

キャラが十人登場する場合、最も役柄に合った実力のある声優が十人選ばれるとする。普通に考えると実力や経験が浅い新人よりもベテラン声優が選ばれる可能性が高い。中学生の役だからここは新人で、という考え方もあるが、ベテラン声優でも（ベテランだからこそ）ごく自然に中学生の役を演じることができる。その演技力はジュニアクラスの声優にはないうまさがキラリと光っている。すると新人が入るすきなどなくなる。だが、実際は新人がどんどんデビューしている。限られた予算内で熟考して、ベテラン、新人、中堅どころやトップスターなどが配役される。

細かい話をすると、新人がもらう一万五千円のギャラは、まず声優プロダクションに支払われ、マネージメント料の約二〇パーセントと源泉徴収を引いて声優に支払われる。したがって、声優には一話の収録で一万円ほどしか入らないので週一本のレギュラーだけでは生活できない。本来なら再放送やディスク化などの転用料も支払われるが、新人の場合はない。

神谷明は『ナカイの窓』のなかで、ラジオ、アニメ、ナレーション、CM、ゲームやパチンコの順でギャラが高額になっていくと話している。ラジオ番組には、新人からレジェンド級まで多くの声優が出演する。トップスターの神谷浩史でもギャラは一万円程度と言われているので、新人の場合は数千円だろう。とても生活の足しにはならない。

新人のうちは、タダでもいいのでラジオに出て知名度を高め、ファンを増やしていきたいはずなので、ギャラは度外視と言ってもいい。アニメ、ラジオ、イベントの三つはセットのようなもので、アニメを見て声優が気になってラジオを聴くと、とても面白い人だとわかって応援するようになり、やがてイベントに参加したり、CDが出れば必ず買ってライブにも通うようになり……、というふうにファンが定着していく。ラジオやイベントのトークが面白いとSNSで話題になり、そこを入り口に声優を好きになってアニメを見る逆パターンもあるだろう。メディアミックスの時代だからこそ、ラジオの効果や可能性は大きい。

ベテラン声優にもラジオの仕事を長く続けている人は多いが、ラジオを通じてファンが増えていくので、ファンのためにもラジオはやめられないと思う。それにファンから大量にメールが届く。その貴重な交流の場を手放したくないと誰もが考えるだろう。

ナレーションはテレビ番組の場合、十万円ほどだが、スーパーや量販店のアナウンスだと千円程度にしかならない。そういう仕事は新人声優ばかりかというと、たまにベテラン声優がすることもある。若本規夫（『サザエさん』〔エイケン、一九六九年から二〇一七年現在も放送中〕の穴子や、『ドラゴンボールZ』のセル、バラエティー番組『人志松本のすべらない話』〔フジテレビ系、二〇〇四年から一七年現在も不定期で放送中〕のナレーションなどを担当）が全国チェーンのドラッグストアの店内アナウンスを二〇一三年にしている。このときは、「若本さんほどの人がなぜ?」

とSNSで話題になった。同じナレーションでも、テレビCMになると一気に額が上がり百万円になることもある。

ゲームのギャラはワード制で、セリフの量に比例する。セリフ一文（一フレーズ）単位という意味で、セリフの文字数ではない。「あっ！」と言っただけでもワンワード、長いセリフをしゃべってもそれがワンフレーズならワンワードとなる。新人でワンワード三十円、ベテランで百円から二百円になる。パチンコやパチスロもそれに近いギャラが支払われているようだ。

声優をサポートするマネージャー

声優のマネージャーについて考えてみよう。新人声優に専属のマネージャーがついてくれて、業界のイロハを教えてくれることはまずない。新人を熱心に各方面に売り込んでくれたり、いつでも悩みの相談を聞いてくれるなどということは本当にまれだろう。前述したように、名前さえ覚えてもらえないのがジュニアや預かりなのだ。

マネージャーはアニメ制作会社や音響制作会社、メーカー（レコード会社を指す）など、外部企業ごとに担当が決まっている。あるいは、声優ごとに担当のマネージャーが決まっている。その場合は、一人のマネージャーが複数の声優を担当することが多いので、ジュニアとマネージャーが一対一でペアになっていることはない。所属する声優が多い場合、マネージャーは正所属の声優ならまだしも、ジュニアクラスの声優全員のことまで詳細に把握していない。とにかくジュニアや預かりの声優は、所属するプロダクションに頻繁に顔を出して自分のことを覚えてもらうところから始まる。

声優にとってマネージャーはどういう存在なのだろうか。各社でマネージャーの役割は異なるが、ごく一般的なマネージャーの仕事は、声優を制作会社やゲーム会社などに売り込む営業活動、スケジュール管理、アフレコや取材などの現場対応、ときには声優の悩みの相談に乗ったり、ファン対応などもおこなう。つまり何でもするのだが、あくまで担当する声優のサポートで、担当外の声優にまで手は回らない。大きいのは営業活動だろう。声優側からすると、声優自ら各方面に挨拶回りをして自分を売り込まなくても、営業スキルのあるマネージャーが、付き合いがあるプロデューサーや音響監督に宣材（宣伝材料）をもって売り込んでくれるのだ。こんなありがたいことはない。

声の仕事はオーディションで決まるのが基本だが、ときには指名でキャスティングされることもある。たとえば、監督や原作者の強い要望でヒロインには最初からこの声優が決まっていたといったエピソードが雑誌やネット記事で公表されることもある。もちろん、まったく営業をかけずにただじっと待っていても、そういう指名はこない。実績がない新人声優に突然監督からの指名がくることもない。実績づくりはマネージャーの営業力と声優自身の努力にほかならない。そして何か特別な魅力があるからこそ指名がかかるので、ついこの前まで養成所にいたジュニアや預かりの声優には難しいだろう。

新人声優の場合、最初の三年（もしくは二年）が勝負になる。その期間に実績を残すことができなければ、その上の準所属や正所属にはなれない。上にいけるまでずっとは預かってくれないので、契約はそこで終わってしまう。ほかの声優プロダクションのオーディションを受けるか、それもダメなら養成所に逆戻りとなる。そうしている間にも、次々と新人がジュニアとしてプロダクションに入ってくる。養成所にも、新しく若い人材が入所してくる。年齢が高くなるほど声優プロダクションに合格しにくくなる。

ジュニア時代からコツコツと実績をつくり、イベントをすればファンがたくさん集まるようになったとする。それでも人気は永久保証ではない。ファンが別の声優に乗り換えるかもしれない。突然仕事が激減するかもしれない。実際、五、六年ほど前のアニメを見ると、もういまはほとんど名前を見なくなった声優が主要キャラを担当していることがよくある。声優は、なるのも茨の道なら、生き残っていくのも想像を絶するほど険しい道なのだ。

エンタメ界でマルチに活躍する声優をスーパースターとして輝かせているのは、メディアの効果が大きい。テレビに声優が登場することもなければ、ネットもSNSもない時代なら、ここまで憧れの職業として声優を目指す者は多くなかっただろう。年間三百タイトル以上も放送されているアニメに出演する声優の名前などすべて覚えられるはずがないし、顔を知らなくても当然だ。それをアニメの裏方ではなく、表舞台に連れ出したのはメディアであり、ファンが強く望んだからだ。ジュニア時代の極貧生活もメディアを通じて広く知られるようになったことで、ますます応援しなければという気持ちになる。メディアが声優に光を当て続けるかぎり、ブームも継続する。

マルチな才能と過酷なサバイバル

ジュニアでの活躍が認められると、査定を経て正所属となる。しかし、正所属になってもオーディションに合格しなければ仕事はもらえない。ギャラが最も安いジュニアとは違うので、正所属になったとたんに予算の関係で仕事が激減することもある。だから、正所属でもバイト生活から抜け出せない声優はたくさんいる。常にサバイバルで、気持ちのうえでは相変わらず崖っぷちというのが正直なところだろう。声優として生き残っていけるかは、仕事が途切れずにあるかどうかということになってくる。その一方で、ファンの期待にも応え続けなければならない。

たとえば「歌はどうしてもNGなのでお断りします」と言った場合、その時点で歌をテーマにしたアニメの仕事が来なくなるし、主題歌はキャラソンでというアニメへの出演もなくなる。マルチタレント化が当たり前の現在、ファンはその声優の歌を聴きたいし、歌っている姿を見たいと思う。

では、期待に応えて音楽活動を熱心にした結果、シングルが続けて売れたとする。次にアルバム制作の話も出てくる。二、三曲、歌詞を書いてみませんかというのは自然な流れだ。そこで作詞の勉強をする。ファンにすると、本人が書いた歌も聴きたいと思うし、企画段階からアルバムづくりにきっちり参加していると、購買意欲は高まる。メーカーやプロダクションは、当然そういうファン心理を熟知して戦略を考える。音楽活動が軌道に乗れば、アニソンフェスへの出演や全国ツアーもあるだろう。海外のアニメイベントにゲストで呼ばれることだって考えられる。

そうなってくると、いままでアフレコだけに集中できていたが、ほかのことにも時間やエネルギーを割く必要がでてくる。本業は声優だから、ほかの仕事は手抜きというわけにはいかない。音楽活動だけでも負担なのに、ゲームの声や外画の吹き替え、ナレーション、舞台などの仕事が増えていくと、すべてを完璧にこなすのは神業になっていく。

ゲームの声は、シナリオが段ボール箱（しかも複数個）に入って届くこともざらだ。自分が担当する声の部分だけをまとめたシナリオをもらえることもあるが、全体のシナリオに目を通しておくのは当然だ。ゲームはアニメや映画とは違ってストーリー展開の順に録っていかないので、状況把握がしづらいこともある。しかも声優が何人も集まって掛け合いをするわけではなく、狭い録音ブースに一人こもってひたすら同じセリフを何パターンも録ったりする。

外画の吹き替えは、キャラの表情や動き、背景などが完成していないアニメのアフレコとは違って、映像が完成していて俳優の表情も声のトーンも確認できる。だからといって楽な仕事とは言えない。すでに俳優の演技ができあがっているので、異なる役づくりはできない。声優の大塚明夫は、俳優が醸し出す雰囲気まで伝わり、本人より本人らしく演じる吹き替えが最高なのだと言う（洋画、海外ドラマ専門チャンネル「ムービープラス」がおこなった二〇一五年のインタビューで）。誰もが容易に大塚明夫の言う域に達することはできない。それに、編集がまだ完了していない映像を見ながら映画の吹き替えをするときもある。すると、本人よりも本人らしくというハードルはさらに上がる。

ナレーションの仕事は現場で初めて原稿を渡されるので、十分に練習ができない。下読みしただけで内容をきちんと理解する力も必要になってくる。映像も初めて見るものだし、尺に収めるだけでも大変だ。それに、ナレーションはいま読んでいる原稿の三行先に目をやらなければうまくいかないと言われている。

舞台に出演する声優もいる。声ヲタに大人気でチケットがなかなかとれないのが、全編アドリブ劇の『AD-LIVE』だ。ライブビューイングも含め、十二公演で約七万人を動員する。この舞台は簡単な設定があるだけで、約九十分をアドリブだけで通す。しかもあらかじめ観客に書いてもらったセリフをランダムに差し込みながら芝居を進める。プロデュースは鈴村健一だ。鈴村健一と言えば『黒子のバスケ』（プロダクションI.G、二〇一二年から一五年にかけて三期まで放送）の紫原敦、『うたの☆プリンスさまっ♪』（A-1 Pictures、二〇一一年から一六年にかけて四期まで放送）の聖川真斗などを演じる超売れっ子声優だ。

『AD-LIVE』はキャスティングも豪華で、人気声優ランキングの上位から順に引っ張ってきたのかと思うほどの顔ぶれだ。中村悠一、小野賢章、下野紘、釘宮理恵、櫻井孝宏、梶裕貴、浪川大輔、宮野真守、福山潤、小野大輔といった声優たちが過去に出演している（日替わりで二人で芝居をする）。実力派ぞろいの声優だから、即興劇でも観客を魅了する。演技がうまいだけではとてもできない特別な才能が必要だ。声優の原点とも言える芝居で、さらにハードルを自ら上げたエンタメを見せてくれる。まさにマルチな才能だ。

　アニメに話を戻そう。現場にはどんなに用意周到でも突然の変更はつきものだ。アニメのアフレコの現場ではスタジオに入ってから台本の修正が告げられる。何の前触れもなく兼役を任されることもある。セリフが極端に少ないキャラで特に担当声優が決まっていない場合、音響監督からその役の声をするよう別の役の声優が指名されることがあり、それを兼役という。兼役は事前に知らされないので、その場で考えてセリフを言わなければならない。たとえモブキャラの一行セリフでも合格水準は下がらないので、ダメなときは何度でもやり直す。外画の吹き替えは登場人物全員分の声優をそろえるコストがないので兼役が多くなる。

　福山潤が『∀ガンダム』（サンライズ、一九九九―二〇〇〇年）のオーディションを受けたとき、事前にもらった台本とは違うものを渡されたという。オーディションは、ほかの声優とセリフの掛け合いをする形式だった。自分のオーディションが終わってしばらくすると、ほかの声優のオーディションでセリフの掛け合いをする相手がいないので相手役をやってほしいと言われ、渡されたのがなんと事前にもらっていた台本だったという。当然その台本のほうがうまくできる。それがきっかけで『∀ガンダム』のキース・レジェ役をもらった。それまでほとんど仕事がなかった福山が、予測できないハプニングをチャンスに変えた。その後、『中二病でも恋がしたい!』（京都アニメーション、二〇一二年に一期、一四年に二期）の主人公・富樫勇太や、『暗殺教室』（Lerche、二〇一五年に一期、一六年に二期）の主人公・殺せんせーなど主役級のキャラを多数担当する声優になっていった。

アニメの一話が三十分なら、アフレコにかける時間は三、四時間になる。いい収録ができるまで何時間でも何日でも時間をかけることができればいいが、それでは放送に間に合わない。三、四時間で最高のアフレコを目指す。だから、たとえばベテランがじっくり時間をかけて新人を指導するといった余裕がないのだ。あえて指導役はと問われると音響監督になる。アフレコ現場で音響監督はアニメ全体の監督よりも権力があると言われている。声優は音響監督の指示にすぐ反応して、求められる演技をする。そういう理解力の深さと勘のよさが必要になる。

浅野真澄が『それが声優!』第四巻（一迅社、二〇一六年）のなかで、まったく想定外のハプニングを紹介している。アフレコの現場で配役が間違っていることに気づき（台本のミスプリだった）、大慌てで声優同士が事前に練習してきた情報を交換し合って、アフレコの本番をこなしたことがあった。終わってみれば予定をオーバーすることなく、本来の収録時間内だったという。そういうまさかのトラブルにも完璧に対応するのがベテラン声優の経験と力量と言える。

声優がマルチタレントであることは、マルチな才能を求められるということだ。その才能

コミックス『昭和元禄落語心中』第1巻（雲田はるこ、講談社、2011年）

は、ときには想像を超える分野にまで及ぶこともある。

『昭和元禄落語心中』（講談社、二〇一一—一六年）は雲田はるこのマンガで、講談社漫画賞一般部門、文化庁メディア芸術祭マンガ部門をそれぞれ受賞している。この作品のアニメ化にあたっておこなわれたオーディションは、指定された落語を三分だけ録音して提出するという特異な手法だった。しかも、この部分を三分間だけやるのではなく、自分で考えて噺を三分抜粋するというものだった。

オーディションに合格した主要キャラの声優は、まず超ベテランの山寺宏一（エディ・マーフィやジム・キャリーの吹き替えで有名）。彼は大学時代に落語研究会の会長をしていた。石田彰（『夏目友人帳』〔ブレインズ・ベース、朱夏、二〇〇八年から一七年にかけて六期まで放送〕の名取周一、『新世紀エヴァンゲリオン』〔タツノコプロ、GAINAX、一九九五—九六年〕の渚カヲルなど）も落語好きで立川談志の大ファンだ。小林ゆう（『進撃の巨人』のサシャ、『銀魂』〔サンライズ、バンダイナムコピクチャーズ、二〇〇六年に始まり一七年現在もシリーズが継続中〕の猿飛あやめなど）は、原作ファンであり、落語の独演会を開催したり落語のCDをリリースするほどの落語好きで知られる。オーディションを受けずに音響監督の指名で抜擢されたのが関智一（『PSYCHO-PASS サイコパス』〔Production I.G、タツノコプロ、二〇一二年、一四年〕の狡噛慎也、『Fate/Zero』〔ufotable、二〇一一年、一二年〕のアーチャーなど）だ。アニメ放送の一年以上前に、落語家の立川志ら乃に弟子入りしているので、落語を聞くのが好きというレベルをとっくに超えている。

『昭和元禄落語心中 アニメ公式ガイドブック』(講談社、二〇一五年)によると、「四十代以上の非常に芸達者な声優がなかなか現場にいなくなっています。だから本作のような声優陣を集めたら、こんなにもすごいアニメができるんだよっていうことを視聴者に実感していただきたい」と音響監督の辻谷耕史は語っている。

安いギャラで器用に何でもこなすジュニアは、それなりに人気もあるし制作サイドからすると使いやすい。それが現在の風潮にもなっている。辻谷は、そんなアニメ制作現場へのアンチテーゼの意味も込めたのかもしれない。

辻谷は、一九八〇年代に声優としてデビューし、数々の主要キャラを演じてきた経験がある。声優養成所を主宰して後進を育成しながら音響監督も務める。そんな辻谷が、才能ある四十代以上の声優を現場に集めたのだ。『昭和元禄落語心中』の物語設定上、昭和の感覚がわかる声優がいいという思惑もあったようだ。林原めぐみもキャスティングされているが、辻谷とはそれまでにいろんなアニメで共演してデュエットソングまで出している。林原めぐみと言えば、『新世紀エヴァンゲリオン』の綾波レイ役が最も有名だろう。デビューは『めぞん一刻』(スタジオディーン、一九八六―八八年)で役名はなかった。看護学校と日ナレとをかけもちで通っていたころだ。林原も昭和からずっと声優業界を歩いてきたベテランだ。しかも『昭和元禄落語心中』のOP曲も歌っている(一期『薄ら氷心中』、二期『今際の死神』。両曲とも作詞・作曲は椎名林檎)。

そんな『昭和元禄落語心中』が当たらないわけがない。放送されると各メディアで話題になり、SNSの書き込みも声優を絶賛するものが多くを占めた。いきなり第一話を一時間の拡大版にして、落語を一席まるまるノーカットで放送した。十二話ではOPもEDもなくして、本来なら一時間以上もある「芝浜」という噺を違和感なく十分足らずでやりきるなど、神業の連続で視聴者を驚かせ、また感動もさせた。わたしは毎回胸が熱くなり涙ぐみながら見た。よくぞこのキャスティングで、こんなにも渋いアニメを作ってくれたと思った。

『昭和元禄落語心中』は、選ばれるべくして選ばれた最強のキャストだが、声優とアニメキャラの能力が完全に一致することはめったにない。だから声優は役づくりに励む。二〇一一年のテレビスペシャル以降の『ルパン三世』（テレコム・アニメーションフィルム）の峰不二子や、ニュース番組『報道ステーション』（テレビ朝日系）で二〇一六年以降のナレーションなどを担当する沢城みゆきは、剣士の役なら剣道を実際に習って役づくりをする。準備期間が必要なので、まだ自分がそのアニメに出演することが正式決定しないうちから役づくりに取り組む。もし最終的にその役を落とされたら準備したすべてが無駄になるが、それでも時間をかけて役づくりしなければ気がすまないという。また、吹き替えの仕事にそなえて、意訳された日本語のセリフではなく本来の意味を知るために英語の勉強をしてホームステイまでしている。

『響け！ユーフォニアム』（京都アニメーション、二〇一五年に一期、一六年に二期）は、高校の吹奏楽部が舞台のアニメで、それに連動した企画イベントでは実際に声優が担当キャラと同じ楽器を演奏している。全員ほぼ未経験の状態から猛特訓して、イベントを大成功に導いた。

新人でもベテランでも声優として仕事を獲得したり、役づくりをする努力は尋常ではない。そして、声優だけがアニメ制作に関わっているわけではなく、音響、美術、CG、作画、撮影などにそれぞれ監督がいて多くのスタッフが動いている。ほかにもシリーズ構成や色彩など、あげればきりがない。製作委員会も含めて、アニメ放送の打ち上げ時には二百人以上のスタッフ関係者が集まる。みんながこだわりと理想をもってアニメを作っている。

（本書で述べている専門学校や声優養成所、声優プロダクション、それらに関連する情報は、ごく一般的な例です。声優の仕事内容や収入に関しても同様で、すべてに当てはまるものではありません。）

日常系メディア「アニラジ」

声優は、自分ではない誰か（ときには人間ではない何か）を演じる。性別や年齢が違う役もできる。特殊メイクをすれば映画やドラマでも同じことが可能だが、声優は声だけでそれができてしまうのだ。『新世紀エヴァンゲリオン』の碇シンジの声を緒方恵美が担当して人気を博したのがいい例だろう。若い女性のキャラに年配の声優がキャスティングされることもある。「永遠の十七歳」を宣言している井上喜久子は、『俺物語!!』（マッドハウス、二〇一五年）で女子大生役を演じている。放送時点で井上は十七歳を三周した五十一歳だった。実写ではよほど理由がないかぎりそんなキャスティングはありえないので、性別や年齢を超越して演じられるのは声優ならではだと思う。

アニヲタなら、お気に入りの声優の一人や二人はいるだろう。好きな声優が出ているという理由でそのアニメを見ることもある。声優を好きになる過程は人それぞれだが、たとえば毎週必ず見るアニメの登場人物を好きになり、中の人（声優）が気になり始める。別のアニメを見ると、やはり好きなキャラができてエンドクレジットを見ると、また同じ声優が演じていることがある。そんな運命的なことが続いてファンになっていく場合もある。あるいは、たった一話見ただけでキャラとその声にほれることもある。好きになるきっかけはさまざまだが、そこでさらに声優にのめり込むのがラジオ番組だ。ラジオ番組でしゃべっている声優は誰のキャラも演じていない。素に近いトークを聴くことで、その声優をより好きになっていく。

いま、ラジオを聴くのが楽しみという若者は少ないだろう。二十歳前後の非ヲタクと話をしていると、ラジオを聴く方法さえ知らない者も多い。若者のテレビ離れが叫ばれている昨今、ラジオは若者から遠い存在のメディアになっている。しかし、アニヲタや声ヲタの間でアニラジの人気は高い。

アニラジは、声優、アニメ、ゲーム、ラノベといった分野に特化したラジオ番組の総称だ。最近はほとんどのアニメとラジオ番組が連動している。主要キャラの声優がメインパーソナリティーを務め、製作委員会がスポンサーになることが多い。ラジオ番組の内容は、リスナーからのメールの紹介や、アフレコ現場の話やアニメに関すること、声優の日常など、話題がいろんな方向に飛ぶ。アニメと連動したアニラジは、そのアニメの宣伝が目的で、イベント開催の告知やグッズ販売、主題歌のリリースなどの情報をラジオ番組内で発信する。アニメ放送が終了しても、ラジオ番組は継続することは多い。円盤のリリースが放送後も続くからだ。

そんなふうに書くとアニラジは宣伝色が濃い番組のような印象を与えてしまうが、決してそうではない。声優のプライベートなトークがほとんどの時間を占めることもある。アニメと連動していないアニラジもある。いずれにせよ、連動しているかどうかの区別がつかないぐらい声優の個性が前に出ていて、ファンはそれを楽しみに聴く。

アニメはなぜラジオ番組と連動するのか。アニメの視聴者を増やす目的もあるが、いまアニメを見てくれている人が離れていかない(ますます好きになる)ことが重要なのだ。深夜アニメは一年を四クールに分けて、春アニメ・夏アニメといった区切りで放送している。多くのアニメは一クールか二クールで放送が終了して、次のクールからまた別のアニメが始まる。アニヲタは、新しいクールのアニメが始まると、とりあえず気になるアニメはすべて録画しておき、次週も見るか見ないかを判断する人が多い。地上波で深夜アニメが多く放送されていない地域だと、アニメ専門チャンネルや配信サイトを利用しているだろう。一話を見て継続視聴するかどうかを判断し、しばらくして五話か六話あたりで先の展開に期待できないと思えばそこで切ることもある。そうすると完走(最終話まで視聴)するアニメは少なくなる。

アニメの制作者側としては、最後まで見てほしいし、見るだけでなくイベントにも参加して円盤も買ってほしい。好評なら二期や劇場版の可能性も出てくる。そのためのプロモーションとしてラジオの役割が重要になる。アニメも声優も主題歌も全部好きになってもっとハマってほしいと考える。

アニヲタからすると、ラジオがあるおかげでアニメも声優もより好きになれる。アニメの放送を見ているだけではわからない裏話や声優の素顔が見られてうれしい。イベントやリリースの情報もラジオを聴けば、もれなく入手できる。さらにSNSや感想ブログなどもチェックすれば完璧だ。アニヲタとアニラジは強く結び付いている。

では、アニメ連動ではないアニラジはどうか。声優単独（あるいは複数）のアニラジで、特に何かの番組とリンクしていないものだ。推しの声優（応援している大好きな声優）がいれば、その声優が出演するラジオ番組を聴く。その番組がアニメ連動かどうかは関係ない。自分が好きな声優の話を毎週聴けることがうれしい。番組内では、その声優が出演するアニメ、ゲーム、イベントなどの情報をときには興味深いエピソードを交えながら伝えてくれる。新曲のリリース前だと、その声優のアニラジがオンエアーの初解禁ということもある。ライブやイベントがあれば、その様子をしゃべってくれるし、参加者からの感想メールも紹介される。そうやってファンとのいい関係を築いていく。

その声優を好きになったばかりでファン歴が浅くても、アニラジを聴いているとイベントに参加してみようと思うし、CDも小遣いから捻出して買う。お気に入りの声優は一人とはかぎらない。二人三人といれば、スケジュールはすぐに埋まる。推しの声優に関することなら何から何まですべて追いかける熱烈なファンから、まだ入り口で手探りというファンまで、とにかくアニラジに耳を傾けるのだ。

ラジオの番組制作は予算が少ない。宣伝目的ならスポンサーはつきやすいし、高額なギャラを支払わなくても声優は出演してくれるので放送局にとってもありがたい。ゲームの仕事が多い声優なら、ゲーム会社が積極的にアニラジのスポンサーにつく。定期的にCDを出している場合だとメーカーがスポンサーになる。ラジオが衰退の一途をたどり、ジャニーズやビジュアル系バンドのラジオ番組がなんとか若者をつなぎとめているときに、声優を起用したアニラジが登場したのは本当にラジオメディアにとって光明につながったと思う。

アニメやゲームなどのプロモーションツールとしてラジオ番組があるのは明白だが、パーソナリティーの声優にとってラジオの存在は少し違っていると思う。リスナーとの交流には、ラジオ番組は貴重な場である。アニメは一方的に放送されるだけだが、視聴者の感想や声優への思いがダイレクトに本人に届くのがラジオだ。どんなファンがいて、何を考えてどんなことを望んでいるのか、毎回のトークにリスナーがどう反応するのかが手に取るようにわかる。ラジオのよさは、送り手と受け手のキャッチボールがスムーズでシンプルなことにある。ファンと声優が絆を深めるのに、ラジオは大きく貢献している。

アニメの感想を書いたアニヲタの個人ブログはたくさんあるが、その内容についてアニメ関係者がブロガーにリアクションすることはほぼ皆無だろう。SNSも同様で、「ツイッター」で声優やアニメ監督に向けてつぶやいたとしても、相手が何かメッセージを返してくれることはほとんどない。だが、声優のラジオ番組にメールをすれば、読んでもらえるし何か反応してくれる可能性がある。番組内で読まれなくても、届いたリスナーからのメールにすべて目を通す声優も多い。ラジオは声優とファンの距離を近いものにしている。

アニラジ誕生の背景

ところで、アニラジはいつごろから始まったのか。一九八〇年代にも声優がラジオ番組を担当することがあったが、ブームが始まったのは九〇年代に入ってからで、キーパーソンは林原めぐみと國府田マリ子だろう。林原めぐみは『林原めぐみのHeartful Station』(ラジオ関西、一九九一―二〇一五年)と『林原めぐみのTokyo Boogie Night』(TBSラジオ、一九九二年に始まり二〇一七年現在も放送中)を担当。両番組とも放送回数が千回を超える長寿番組となった。林原は、メールの文字よりも手書き文字のぬくもりが好きという理由から、メール主流の時代になってもハガキだけでリスナーからの投稿を受け付けていた(現在はメールも受け付けている)。

林原めぐみが『らんま1/2』(スタジオディーン、一九八九―九二年)で早乙女乱馬(女らんま)や、『魔法のプリンセス ミンキーモモ 夢を抱きしめて』(葦プロダクション、読売広告社、一九九一―九二年）のミンキーモモを演じていたころにラジオ番組が始まっている。その後、一九九五年に『新世紀エヴァンゲリオン』（林原は綾波レイ役）が始まると、アニメも声優陣も脚光を浴びることになる。『新世紀エヴァンゲリオン』を起点に第三次アニメブームが始まったとする説もある。第三次声優ブームも同時期で、声優が表舞台でスター扱いになっていった。そこにラジオが大きく貢献したのだ。『新世紀エヴァンゲリオン』の主人公・碇シンジを演じた緒方恵美のラジオ番組『緒方恵美の銀河にほえろ！』（文化放送、一九九六―九八年）は、投稿する際に匿名を原則禁止としていた。本名でハガキを書くルールにもかかわらず、毎回スタッフ三人で四、五時間もかけて読むほど投稿が多かったという。

國府田マリ子は、『ツインビー PARADISE』（文化放送、一九九三―九七年）や『國府田マリ子のGAME MUSEUM（のちに『國府田マリ子のＧＭ』と改題）』（ラジオ大阪、一九九三―二〇〇四年）といったアニラジを担当した。『ツインビー PARADISE』はコナミのゲーム「ツインビー」から派生したラジオ番組で、トークとラジオドラマで構成されていた。『声優 Premium』（綜合図書、二〇一六年）のインタビューで國府田は、ピーク時にはリスナーからのハガキが長机八台に積み上げられ、読むのに四時間ほどかかったと語っている。膨大なハガキの量にもかかわらず、イベントでリスナーと話をする機会があると、そのリスナーが書いてくれたハガキの内容を思い出せたそうだ。さすがに全員ではないだろうが、手書きの文字だと相手の人となりも伝わってきて覚えやすいと國府田は言う。林原めぐみ同様、当時のパーソナリティーとリスナーとの気持ちをつないでいたのは、時間をかけて一生懸命に考えて書いたハガキだ。ハガキとトークの往復はある意味、パーソナリティーとリスナーの交換日記のようなものだと思う。

『國府田マリ子のGAME MUSEUM』はコナミ、ビクターエンタテインメント、声優グランプリ、アニメイトなどがスポンサーで、現在のアニメのメディアミックス展開そのものと言える。特に「声優グランプリ」（主婦の友社、一九九四年創刊）は、声優のグラビアを多数掲載し、声ヲタだけでなく将来声優を目指す人にも向けた雑誌だ。いま考えるとかなり時代を先取りしていた。ちなみに姉妹誌に「アニラジグランプリ」があり、アニラジやパーソナリティーなどの情報を掲載した内容で、一九九五年に主婦の友社が創刊している。徳間書店からは九四年に「ボイスアニメージュ」が創刊になっている。当時はネットが普及していなかったので雑誌は貴重な情報源だった。声優やアニラジの雑誌創刊と第三次声優ブームが時期的にシンクロするのも納得だ。

アニラジに最初に力を入れたのは文化放送で、「A&Gゾーン」という言葉は、文化放送のアニメ&ゲームの放送枠を指す。一九九〇年代半ばにA&Gゾーンを週末に設け、次第に枠が拡大していった。現在では深夜は毎日A&Gゾーンで、土曜、日曜は二十時台か二十一時台からアニラジを放送している。また、インターネットラジオ「超!A&G+」を二〇〇七年から始めている。こちらはアニラジ専門で、朝の六時から翌三時か四時まで配信している（一部の番組は動画付き）。

ラジオは時代とともに衰退していくどころか、文化放送を筆頭にアニラジが大きく成長していった。いまでは放送関連以外の企業がアニラジ専門のネットラジオを立ち上げるようにまでなった。たとえば「音泉」はＩＴ系企業、「HiBiKi Radio Station」はゲーム会社のブシロードグループが運営している。まさに、いつでも声優の声が聞こえてくる世の中になったのだ。エンタメ企業はメディア展開のひとつにラジオを選び、ラジオ局は放送枠をアニラジで埋めることができ、さらに時代の変化とともにネットラジオも活用されるようになった。そしてアニラジは、アニヲタや声ヲタにとって欠かせないものとして定着した。

ここで、声優ではない人物を紹介したい。アニラジには欠かせない、鷲崎健という唯一無二のラジオマンだ。彼の肩書は難しい。声優でもアニソン歌手でもない。ラジオのパーソナリティーをしているが、アナウンサーでも放送作家でもない。アニメイベントなどの司会をしたりＣＤもリリースしているが、仕事のほとんどがラジオのパーソナリティーなのだ。地上波のラジオ、ネットラジオ、動画配信などでアニメや声優に関する番組を担当している。ほぼ毎日どこかのメディアに出て、数えきれないほどの声優やアニソン歌手らをゲストに迎えて笑いが絶えないトークを繰り広げる。

もともと鷲崎は、コンビニでバイトをしながら、友人の放送作家に頼まれてときどき文化放送の番組に出ていた。そこでギターを弾いたりしゃべったりしていたのがとても好評で、二〇〇三年には文化放送のネットラジオ『浅野真澄のスパラジ！』を浅野真澄と二人で務めることになった。最初は六回で終了予定だったが、アクセスが集中してサーバーがしばしばダウンするほど人気が出たこともあり、そのあと伝説の番組『A&G超RADIO SHOW〜アニスパ！〜』（以下、『アニスパ！』と略記）を再び浅野と担当するようになる。文化放送の地上波アニラジの看板番組で、〇四年から一五年まで続いた。〇七年十月度の聴取率調査で一〇〇パーセントを記録（二十二時台で十代男性の占有率）したのは有名だ。

浅野真澄も鷲崎健も頭の回転が速く博識で、それでいて下ネタや暴言もふんだんに盛り込まれたハイテンション・マシンガントークが快感だ。ごく普通のフリーターだった鷲崎は、担当する番組が次第に増え、リスナーから支持されるだけでなく、多くの声優からもリスペクトされるまでになった。

ある声優が仕事で悩んでいたときに鷲崎健に励ましてもらい、その温かい言葉に感動して、ラジオの本番中に泣きだしてしまったことがあった。また、文化放送のアニラジイベント「A&Gオールスター2016」内で、誰が鷲崎健のベストパートナーかというコーナーが設けられた。鷲崎のパートナーの座をめぐって声優たちがクイズでバトルしたのだ。まさかそんな日がくるとは『アニスパ！』を始めたころは本人も想像していなかっただろう。鷲崎のようなカリスマ的ラジオマンを誕生させてしまうパワーがアニラジにはある。

声優がラジオでしゃべることについて鷲崎健は、『声優ラジオの時間 ユニゾン』（綜合図書、二〇一七年）のなかでテレビとラジオを比較して次のようなコラムを書いている。

「テレビにはまずストーリーがあって、それに沿わない感情やリアクションは邪魔だとされることが多い。物語が大事なんです。（略）対してラジオは物語よりもパーソナリティそのものに焦点を当てることが多いです。その人が何を考えているか、どんなことに心が動くのか、どんな風に心が動くのか。（略）声優とは声で感情を伝えるプロフェッショナルです。細かな心の動きを感情やテロップ無しに声だけで伝えるということを日々の糧にしている人たちです。そこがひょっとしたらラジオとの親和性につながっているのではないか」

実はわたしもまったく同じことを考えていて、リスナーがアニラジに求めるのは、声優が何を考えどんな思いで仕事をして日々の生活を送っているのか、といったパーソナルな部分なのだ。声優が一週間の出来事をただしゃべってくれるだけでうれしい。特別なことが起こらなくても変わった出来事など何ひとつなくてもいいから、むしろ台本なしで日常のことをただしゃべっているだけでいいと思う。本当にそんなシンプルなことが貴重で楽しいのがアニラジの魅力なのだ。

動画付きで放送（配信）しているアニラジを見ていて、ふと思ったことがある。テロップも何も入れないで、早口で（アニラジはほとんどのパーソナリティーが早口だ）トークしているのに、内容がすっと頭の中に入ってくる。テレビは、動きが大きいしテロップも入るし、ときにはナレーションも入る。至れり尽くせりで視聴者に伝える。それなのにアニラジは、声優のトークだけでリスナーに伝わるのだ。これが声優の声で演じる力なのだとわたしは思っている。アニラジは声優だからこそ成立する。そんな声優の面白さを何倍にもして引き出しているのが鷲崎健だろう。彼の話術は本当に素晴らしい。

一九九〇年代以降、アニラジが衰退することなく発展してきたのは、声優のワザであり、構成作家や多くのスタッフの総力だ。この世からアニラジがなくなってしまったらと思うと、生きる希望まで消えてしまいそうな気持ちになる。さらに私見で書くなら、声優としてアニメで演じているときよりもラジオでのトークのほうが面白い声優もたまにいる。もちろん、声優本来の仕事をしているときも好きだ。しかし、ラジオの素に近いキャラがもっと好きなのだ。

イベント空間で絆が強くなる

ラジオ番組はときどきスタジオを飛び出して公開録音のイベントをする。リスナーにとって、いつもはラジオの向こうでしゃべっているパーソナリティーがそのときだけは目の前で話してくれる特別な体験になる。ラジオ番組なのに、ラジオではない不思議な空間と時間だ。パーソナリティーが参加者に直接話しかけたり、プレゼント抽選会や放送に乗らないトークショーなどもあったりと、お得なイベントと言える。

パーソナリティーにとっても、リスナーの顔を見ながら話すことができるので、いつも以上に濃厚なコミュニケーションが実現する。メールの採用率が高い常連リスナーと公録イベントで直接話をすることで、相手のイメージがクリアーになり、次から顔を思い浮かべながらメールを読めるという利点もある。番組単体でのイベントのほか、複数の番組が集まってアニラジイベントが開催されることもある。たとえば月曜日から金曜日までの帯番組のイベントなら、すべての曜日のパーソナリティーが一堂に会する。規模が大きくなると、イベントというよりもっとスケールが大きいアニラジフェスのようなお祭りになる。

ラジオ番組のイベント以外にも、アニヲタや声ヲタのためのイベントが多数開催されている。イベントという言葉は抽象的すぎてあまりピンとこないかもしれないが、年間数千ものイベントが国内で開催されているのだ。人気の声優になると、一年間に百ステージを超えるイベントに出演する。

特に多いのがアニメ番組のイベントだ。放送前に、制作発表会、先行上映会、前夜祭などと銘打たれてイベントが開催され、メインキャストの声優や主題歌を歌うアーティストらが参加し、トークショーやミニライブがおこなわれる。放送途中や最終回にイベントが組まれることもあるし、放送後は円盤のリリースに合わせてファン感謝祭がおこなわれることもしばしばだ。人気のイベントになると、昼の部、夜の部というふうに一日に二回開催される。イベントを通じて出演している声優同士の絆が強くなっていくこともある。

アニメではなく声優個人のイベントとしては、リリイベ（楽曲や映像作品のリリース記念イベント）、バースデーイベント、クリスマスイベント、お渡し会などがある。お渡し会は、ほかのイベント内に含まれることもあり、CDや写真集、ポスター、グッズなどを声優から直接受け取れる。たとえば写真集を予約して、それをお渡し会で受け取るといったパターンだ。そういうお渡し会や握手会などは「接近戦」と呼ばれ、十秒から十五秒ほど声優本人と話ができる。何度もイベントに参加しているファンなら声優に覚えてもらえて会話もスムーズに運ぶ。

もし接近戦がなくてもほとんどのイベントにはプレゼントやファンレターを預けるコーナーがあり、あとで本人のもとに届くようになっている。声優とファン双方にとって、イベントがあるおかげで、相手をより身近に感じることができるし、どういう人かを少しでも知ることができる。番組の公式サイトの投稿フォームから簡単に投稿できる時代になったが、そんな時代だからこそイベントで手紙を（直接ではないが）渡すことはプレミアムになる。

それは海外でも同じで、久保ユリカ（『ラブライブ！』の小泉花陽、『Lostorage incited WIXOSS』〔J.C.STAFF、二〇一六年〕の御影はんななど）が二〇一七年に台湾でイベントをおこなったときは、現地のファンがノート十六ページにびっしり日本語で思いをつづって渡してくれたという（文化放送超！A&G＋のラジオ番組『久保ユリカが1人しゃべりなんて胃が痛い。』第百四十六回〔二〇一七年一月十九日放送〕での発言）。海外ファンはいつでも気軽にイベントに参加することができないので、待ちに待った特別な一日だったのだろう。その日のために時間をかけて日本語でファンレターならぬファンノートを書いた気持ちはよくわかる。

ちなみに日本だと、年間百回以上もイベントを回る声ヲタもいる。フリーイベントのときもあるが、八千円ほどの参加費が必要なときもある。それにイベント会場では物販があるのでつい何か買ってしまう。何会場も回れば交通費もかさむ。それでもイベントに参加する。イベントがネット配信されたりアニラジで放送されることもあるが、やはり参加しなければ味わえないものがある。ときにはイベント会場でファンが寄せ書きのようにメッセージを書くこともある。知らない者同士でも、推しが同じなら瞬時に一つになれる。なかには、イベントに参加していた者同士が仲良くなって結婚したケースもあるので、やはり特別な空間なのだ。

アニメと声優、アニヲタと声ヲタ、それぞれリンクしているのでひとまとめにして同じ枠内に押し込んでしまいがちだが、距離感はかなり異なる。わたし自身がアニヲタであり声ヲタなのだが、おそらくわたしと同じようにアニメ好きと声優ファンは層がかぶっていると思う。わたしはアニメを総合芸術のエンタメ作品として見る。創造された完成作品に感動したり驚いたり涙する。声優も作品制作に関わる重要なクリエーターだ。

アニメという作品の舞台から降りて、何も演じていないラジオのパーソナリティーになったとき、声優はまさにパーソナルな存在になる。リスナーとの距離は断然近くなる。双方向のコミュニケーション・ゲートが開放される。この瞬間、リスナーはアニヲタではなく声ヲタにスイッチする。媒体が変わるだけで、声優の存在が大きく変わる。アニラジもエンタメ作品だが、限りなく日常系のメディアで、パーソナル感こそ最大の魅力になる。そしてイベントではフェイス・トゥー・フェイスで空間を共有して距離をさらに縮める。

アニメを視聴するところから空間共有までの振り幅は大きい。とてもひとつの枠に収まりきらない。距離感の変化に合わせて、ファンもスイッチを切り替える。しかも全領域のどこのポイントでも楽しめる。アニメに没頭してもいいし、アニラジにウエートを置いても、イベントに命をかけるのもいい。全領域を制覇すると大変だが、その分楽しみも増える。そんな懐が深いメディア領域は、ヲタクにとって聖域なのだ。

第2章

世界を刺激する日本アニメ

フランス発「Japan Expo」のヲタク熱量

フランスで毎年開催されている「Japan Expo」は、日本文化を紹介する祭典で、回を重ねるごとに来場者が増え、いまや約二十五万人を動員する巨大イベントになっている。スタートしたのは一九九九年で、日本のアニメやマンガが大好きだった三人のフランス人有志によって開催された。有志というより伝説の勇者と呼ぶべきだろう。好きなマンガやアニメ監督について情報交換する目的でイベントを開き、パリのビジネススクールのガレージに三千二百人を集客したのが一回目だった。それがヨーロッパ中から二十五万人が集まり、世界中のメディアが取り上げる大イベントに成長するとは本人たちも予想していなかったと思う。

ヲタクなイベントは草の根的な活動から発展していくことが多く、日本のコミケ（コミックマーケット）も同人サークルのメンバー数人が立ち上げ、一九七五年に初めて開催したときは、虎ノ門日本消防会館会議室に七百人が集まっただけだった。そんなコミケがいまでは五十万人を超える世界的に有名なイベントになっている。

「Japan Expo」が日本で大きく取り上げられたのは二〇一二年だった。エンタメ系の一般情報誌が「Japan Expo」について何ページも使って特集したり、ニュースサイトが現地レポートをしたことで一般に知られるようになった。一二年の「Japan Expo」は、開催四日間で来場者数が初めて二十万人を超えた。日本のコミケとは違って入場料が必要で、料金は

DVD『NANA ―ナナ―』第1巻（バップ、2006年）

九ユーロ（約千百円）から十七ユーロ（約二千百円）する。日本からゲストできゃりーぱみゅぱみゅ、ももいろクローバーZ、FLOW、MAN WITH A MISSIONといったビッグネームのアーティストが参加したことから日本の音楽雑誌や音楽ニュースサイトなどがこのイベントの模様を報じた。

日本のファッションも海外では人気で、特にきゃりーぱみゅぱみゅは原宿ファッションの象徴として知名度が高く、彼女のライブとファッションショーには一万三千人ものファンが集まった。アニメやマンガのキャラクターがそのまま街に飛び出してきた感覚で、それが日本のポップなストリートファッションとして海外では魅力的に映るようだ。日本中どこに行っても原宿ファッションだとは思っていないだろうが、きゃりーぱみゅぱみゅに日本ならではのエンタメ文化の香りを感じ取っているのかもしれない。

フランスではビジュアル系バンドの人気が高く、二〇〇六年から毎年のように日本のビジュアル系バンドが「Japan Expo」に参加している。日本のビジュアル系バンドは、海外のけばけばしい化粧をしたバンドとはまったく異なる様式美と独自性がある。彼らの音楽もファッションも日本独自のスタイルで、海外のヲタク層を引き付けるのに十分だ。わたしは『NANA―ナナ―』（マッドハウス、二〇〇六―〇七年）の影響が大きいと思っている。ヴィヴィアン・ウエストウッドをベースにしたパンクファッションとバンド活動、恋愛といった要素をスタイリッシュに描いた『NANA―ナナ―』は欧米でも人気だ。原作のコミックスはフランス語、ドイツ語、イタリア語などに翻訳されている。フランスのファッション雑誌にはゴスロリ・ファッションが紹介されることも多く、ゴスロリは日本独自のファッションで、バンギャ（ビジュアル系バンドの熱狂的なファン）の間で発展してきたことは周知のことだろう。「Japan Expo」ではゴスロリ系ファッションショーが恒例で人気だ。しかもこのショーを手がけるのがラフォーレ原宿と外務省というから本格的だ。

二〇一二年の「Japan Expo」では当時「Seventeen」（集英社）の専属モデルだった西内まりやのサイン会がおこなわれている。西内まりやはヨーロッパでも人気で、「マーガレット」（集英社）に連載していた『スイッチガール』の実写ドラマでヒロイン役を演じている（ナレーションは水樹奈々）。そのドラマがフランスで放送されるタイミングで「Japan Expo」が開催された。ちなみに原作コミックスは、フランス国内で一一年上半期の少女マンガ売り上げランキング一位に輝いている。西内は、旬の輝いているモデル兼女優として「Japan Expo」に迎え入れられた。当然その様子は日本にも伝えられた。

二〇一二年の「Japan Expo」が日本で大きく報じられたのには、実はほかにも理由がある。「Japan Expo」には外務省や経済産業省、観光庁のほか、日本の企業が五十社以上も参加している。各社がいろんなメディアで「Japan Expo」の様子を自社PRとして発信したことから日本での認知度も上がった。

前述のきゃりーぱみゅぱみゅの場合、電通テックやTSSプロダクション、トーハンが協力している。電通テックは、電通のオリジナルキャラクター「豆しば」ときゃりーぱみゅぱみゅとのコラボ「豆しぱみゅぱみゅ」を世界展開する意図があった。TSSプロダクションは、テレビ新広島（フジテレビ系列局）の番組制作会社でフランスのテレビ局「NOLIFE」にきゃりーぱみゅぱみゅ出演の番組を提供している。トーハンは出版取次の大手企業で、出版社から書店に書籍や雑誌を流通させる会社だ。国際ブックフェアにも積極的に参加し、日本企業が「Japan Expo」に出展するときの窓口担当になっている。

ももいろクローバーZの場合は、『美少女戦士セーラームーン』の二十周年記念のイベントとコラボをしてライブをおこなっている。その模様は「ニコニコ生放送」で全世界に生中継された。さらに、『美少女戦士セーラームーン』のトークイベントがおこなわれている六本木の「nicofarre」とリアルタイムで中継を結ぶという徹底ぶりだ。『美少女戦士セーラームーン』はフランスで一九九三年から九七年まで放送され、それを見て育った世代が「Japan Expo」に来ていると考えていいだろう。さらにこのとき、新作の制作とその主題歌をももいろクローバーZが担当することが発表された。新作『美少女戦士セーラームーンCrystal』（東映アニメーション）は二〇一四年に「ニコニコ動画」や「バンダイチャンネル」で世界同時配信された。

「Japan Expo」の来場者の三分の一はコスプレで、それもかなり凝った本格的な姿が多く、「海外のコスプレイヤーの本気度がすごい」などのタイトルがついた大量の画像がSNSを駆け巡った。JOYSOUNDのブースでは誰か一人がカラオケでアニソンを歌いだすと、人だかりができて大合唱になる様子や、たこ焼きやお好み焼き、おにぎりなどを買うのに長蛇の列ができ、高額なアニメ作品のDVDボックスや画集、雑誌などが飛ぶように売れるといった熱狂ぶりがニュースサイトなどでレポートされた。

二〇一二年の「Japan Expo」は、スタジオジブリやハローキティが初出展し、バンダイナムコ、任天堂、スクウェア・エニックス、『ONE PIECE』『NARUTO―ナルト―』といったおなじみのブースも大盛況だった。マンガ家の浦沢直樹（代表作『YAWARA!』『20世紀少年』〔ともに小学館〕など）や『君の名は。』の新海誠監督、ゲームクリエーターの稲船敬二（『鬼武者』『バイオハザード』〔ともにカプコン〕などのシリーズを手がける）、丸山正雄（アニメ制作会社MAPPAの社長）らが公式ゲストとして招待され、トークショーやサイン会がおこなわれた。日本でもこんな豪華なイベントが開催されることはあまりない。ちなみに浦沢直樹のサイン会の参加チケットを手に入れるための行列は数百メートルにもなった。

二〇一二年の話はこれぐらいにして、ほかの年におこなわれた「Japan Expo」についても軽くふれておこう。日本から初めてゲストを招いたのが第四回の二〇〇二年で、来場者は二万千人だった。ゲストはマンガ家の秋元奈美（当時『うるきゅー』が講談社の「なかよし」に連載中だった）、弐瓶勉（『BLAME!』が講談社の「月刊アフタヌーン」に連載中だった。最近ではその『BLAME!』や『シドニアの騎士』がポリゴン・ピクチュアズ制作でアニメ化されている）。

二〇〇九年（第十回）には、声優が初めて日本から参加した。それまではマンガ家やアニメーター、歌手がゲスト出演の中心だったが、牧野由依（二〇〇五年から〇六年にかけて放送された『ツバサ・クロニクル』〔ビィートレイン〕の主人公サクラ役のイメージが当時は強かったと思う）、竹内順子（『NARUTO—ナルト—』の主人公うずまきナルトの声で有名。この年の「Japan Expo」では集英社とテレビ東京が『NARUTO—ナルト—』のイベントを主催し、竹内のほかに『NARUTO—ナルト—』のアニメーター西尾鉄也や劇場版の主題歌を担当したPUFFYも参加している）の二人が登場した。PUFFYの単独ライブには五千五百人が集まり、AKB48は二ステージで一万二千五百人を動員した。

二〇一三年からは、くまモンが毎年登場している。世界的に有名なマンガやアニメ、ゲームなどのキャラクターではなく、日本のローカルなキャラだ。日本で人気のキャラなら、海外でも人気というメソッドなのか。くまモン体操が「YouTube」にアップされているからなのか。実は、「Japan Expo」には自治体ブースがあり、彦根市のひこにゃんも一三年に登場して、くまモンと共同サイン会を開いている。一六年は、京都市が、京都国際マンガミュージアムや京都国際マンガ・アニメフェア、香川県が瀬戸内国際芸術祭、鳥取県が「まんが王国とっとり国際マンガコンテスト」をそれぞれPRしている。

では、日本にとってもヨーロッパのヲタクにとってもいいことばかりのウィン・ウィンの関係かと言えばそうでもない。韓国も参加して韓流ドラマやK‐POP、アイドルグッズ、マンガ、武道などを紹介している。ヨーロッパの人たちには、日本と韓国の区別はつきにくいだろう。そのことがいいか悪いか論じるのは控えるが、韓国が便乗したくなるほど日本のヲタク文化の人気が海外で強いということだ。

フランスでの日本のヲタク文化の系譜

パリには「Japan Expo」のルーツとも言われているケレー通り（通称・オタク通り）がある。もとは家具職人の通りだったらしいが、現在はアニメグッズやマンガ、フィギュア、コスプレグッズなどの専門店が並ぶ。こういうエリアは特別だとしても、フランスには書店が約五千店あり、なんとそのうちの三百店がマンガ専門の本屋だ。マンガという日本語がそのまま使われていて、『NARUTO—ナルト—』や『BLEACH』『ONE PIECE』が人気だ。その影響もあって「Japan Expo」には日本刀（模造刀）を販売する企業が十社以上も出ている。フィギュアやグッズにお金をかけるファンも多く、二〇一六年の「Japan Expo」に展示されたドミネーター（『PSYCHO-PASS サイコパス』で主要人物が携帯する重要アイテム）をリアルに再現した玩具に人だかりができて、税込みで十万円以上もするにもかかわらずメーカーが驚くほど売れたという。

「Japan Expo」に出展している「MANGA CAFE」は、パリ南東部に実店舗がある有名な漫画喫茶だ。日本の雑貨を販売するフロアと漫画喫茶のフロアがあり、一時間三ユーロ（約四百円）で利用できる。フランスでは日本のコミックスが一カ月に百五十点ほど出版される

DVD『ＵＦＯロボ・グレンダイザー』第1巻（東映ビデオ、2006年）

が、約七ユーロ（約九百円）するので、気軽に何冊も買えない。そこで日本式の漫画喫茶というアイデアに至ったようだ。節約できたお小遣いで日本の雑貨を買えば、ユーザーも店もお得というわけだ。

一方アニメは、フランス国内で制作するよりも日本から輸入すると七十分の一のコストですむことから、一九七〇年代から八〇年代にかけて『キャンディ・キャンディ』（テレビ朝日〔旧ＮＥＴ〕、旭通信社）、『アルプスの少女ハイジ』（ズイヨー映像）、『科学忍者隊ガッチャマン』（タツノコプロ）、『きまぐれオレンジロード』（東宝、スタジオぴえろ）、『キン肉マン』（東映動画）など、たくさんの日本アニメが放送された（各作品のフランスでの放送年は省略）。

日本アニメがフランス国民に浸透するきっかけになったのは、一九七八年から七九年に放送された『ＵＦＯロボ・グレンダイザー』（東映動画）でフランスでは『Goldorak（ゴルドラック）』というタイトルに変わっている。『マジンガーＺ』（東映動画、旭通信社）で有名なマジンガーシリーズ第三弾で、フランス国営テレビ「Antenne 2（現在の「France 2」）」で放送されると、最高視聴率一〇〇パーセントを記録した。夏休みで雨が降っていて、放送局はほかに二局しかなかったという環境下とはいえ、一〇〇パーセントは驚異的だ。キャラクターグッズや主題歌なども売れ、ブームはヨーロッパ全体やアラブ諸国にも及んだ。フランスでの日本アニメブームは以降も続き、八七年から放送を開始した『ドラゴンボール』の最高視聴率は八〇パーセントを超えた。日本とは視聴率の算出方法が異なり、チャンネルの占有率の数字で表されるものの、日本アニメがフランス国民に長期間にわたって浸透したことはまちがいない。

ところが一九九〇年代前半、アニメの暴力シーンが子どもに悪影響を及ぼすとして、放送に規制がかかるようになった。その結果、日本のアニメは激減することになる。書籍には規制がかからなかったので、日本のコミックスは売れ続け、アニメが見られなくなった反動からかマンガファンが増えた。そして、九九年に『ポケットモンスター』(OLM)の放送をきっかけに日本アニメが再び復活する。現在はクォータ制によってテレビはフランス語の番組が四〇パーセント以上、EUで制作された番組が六〇パーセント以上の放送率を守るよう義務づけられている。無料地上波の放送局が二十以上あるが、定期的にアニメを放送しているのは二、三局程度というのが現在の実情だ。

その一方で、日本で放送されたアニメは、二十四時間以内に違法動画サイトを通じて世界中を駆け巡る。放送規制など意味がなくなり、見たいときに見たいアニメを存分に堪能できてしまう。今度はそれに対抗して、アジアのポップカルチャー専門のテレビ局が登場し、日本で放送されたアニメが最短一時間でフランス語の字幕付きでハイビジョン放送されている(もちろんこちらは合法)。そうなってくると違法動画を見るのがばかばかしくなる。また、クォータ制は地上波の規制なので、ケーブルテレビや衛星放送は、番組内容を気にしなくてもいい（地上波のシェアは約六〇パーセント）。規制前のフランスでは、『ONE PIECE』や『ドラゴンボール』のように、話数が多くて何度も再放送できるアニメを率先して扱っていたが、いまでは人気のアニメをできるだけリアルタイムかつ高画質で見たいというニーズに応えていると言える。

一九七〇年代に日本のアニメがフランスに根付いたが、もっとさかのぼれば十九世紀半ばにパリ万国博覧会に浮世絵や陶器などの美術品が出品されたことで日本ブームが起こった。このジャポニズムはフランスだけでなく広くヨーロッパの芸術に影響を与えた。一八六七年のパリ万博に日本が初参加して以降、七八年、八九年と約十年おきにパリで万博がおこなわれたことで、日本文化をヨーロッパに定期的に紹介することができた。その結果、ジャポニズムが下火にならずブームが継続したと言える。

それから約百年が経過した一九八〇年代、パリコレで発表された日本のファッションが世界に衝撃を与えた。コム・デ・ギャルソンやヨウジヤマモトの全身黒ずくめのファッションは、喪服を想起させることからそれまで誰も着手しなかったファッションスタイルだった。「黒の衝撃」と言われたこのファッションには賛否両論あったものの、パリだけでなく世界のモードに大きく影響を与えたことは確かだ。

誰もが思いもつかなかったタブーのファッションと言えば、現在のゴスロリ・ファッションも同様だ。黒、悪魔、十字架などと天使、少女性、宮廷といった対極する要素を融合させるなんて誰がイメージできただろうか。いまではゴスロリ風のコレクションを発表するブランドも多い。考えてみればゴスロリもルーツは、フランスのゴシック様式や宮廷の装飾文化にある。現在、フランスで日本のポップカルチャーを抵抗なく自然に受け入れられるのは、そういう歴史的系譜があるからとも言える。ヲタク文化を芸術やメインカルチャーとして捉えている。

二〇一六年から一七年にかけて「ルーヴル美術館特別展〔ルーヴルNo.9〜漫画、9番目の芸術〜〕」が東京、大阪、福岡、名古屋で開催された。タイトルのとおりフランスではマンガは第九の芸術として認識されている。マンガでパリのルーヴル美術館を表現するプロジェクトで、日本からは『ジョジョの奇妙な冒険』の荒木飛呂彦や、『鉄コン筋クリート』『ピンポン』の松本大洋、『テルマエ・ロマエ』のヤマザキマリら七人が参加した（参加アーティストは全十六組）。

クールジャパンは歴史ある芸術として、もっと胸を張って世界に誇っていい文化なのだ。

アメリカで少女マンガがヒットする理由

「カラテ、カラオケ、マンガ、アニメ、エモジ」といった日本語がホワイトハウスに響いた。二〇一五年四月、安倍晋三首相との日米首脳会談がおこなわれた際、その歓迎式典でスピーチしたバラク・オバマ大統領（当時）が言った言葉だ。アメリカ人（特に若者）が好きな日本のポップカルチャーに感謝するいい機会だとして例にあげたのが、冒頭の「カラテ、カラオケ、マンガ、アニメ、エモジ」。

アニメというと、日本のアニメだけを意味し、一般的なアニメはカトゥーンと表現される。絵文字は日本語がそのまま通じ、ケイティ・ペリーが二〇一三年に発表した『ROAR』のリリックビデオ（歌っている本人よりも歌詞を全面的に見せる構成のミュージックビデオ）では、絵文字を大量に使った歌詞が話題になった。

マンガという日本語が通じる国は多いが、アメリカではさらに踏み込んで「少女マンガ」という日本語が通じる。二〇〇六年、高屋奈月の少女マンガ『フルーツバスケット』（白泉社）のアメリカでの累計販売数が二百万部を超えた。翌〇七年、『USA Today』発表の四月十五日付ブックチャートで『フルーツバスケット』が日本のマンガとしては初の一位にランクされた（それまでの最高位は『NARUTO—ナルト—』の二十一位）。「USA Today」は、全米すべての州で販売されている有名な新聞で、ブックチャートはコミックス限定ではなくすべての書籍の全米売り上げランキングである。

アメリカで少女マンガが受け入れられるのには理由がある。わずか数十ページの読み切りヒーローものが主流のアメリカンコミック（以下、アメコミと略記）は、男性読者向けに描かれている。そのため、バトル以外の設定で女の子向けに描いた長篇少女マンガは画期的だった。日本の少年マンガはアメコミと内容が大きく異なり、『ドラゴンボール』や『鋼の錬金術師』『DEATH NOTE』『ONE PIECE』などのように、自分よりも強い相手と戦って負けることで少しずつ強くなっていったり、そもそも戦うことが目的ではなかったり、心理戦の緊張感が売りになっている。『スーパーマン』や『スパイダーマン』『バットマン』などの絶対的な強さを誇示するヒーローものを読んでいたアメリカの男性にはカルチャーショックで新しい刺激だったと思う。

コミック誌「Shojo Beat」創刊号（Viz Media、2005年）

アメリカでの日本マンガの仕掛け人はTOKYOPOPという翻訳出版の会社だ。十三ドルから十七ドルしたコミックスの価格を十ドル程度に抑えて買いやすくした。また、アメリカの書籍は左綴じ（左側を綴じる製本で、左ページから右ページに読み進めていく）だが、日本のコミックスは右綴じでアメリカとは逆方向にページをめくっていく。そこで、アメリカでは日本のコミックスの絵をページまるごと反転させて印刷していた。ところがTOKYOPOPは、反転しないで日本と同じ右綴じのスタイルにして、これが本物の日本マンガだと主張して販売を始めた。慣れない読者が間違って最後のページを開いてしまったときのために、「ここは後ろのページです」という注意書きを入れ、コマの読み進め方の解説も載せた。さらに、アメコミではあまり見られないドカーン、カチャ、ドボドボ、といった擬音語を日本語のまま掲載したのだ。オリジナルに忠実なことが超クールと好評で次々とヒットしていった。

二〇〇五年には、少女マンガ雑誌「Shojo Beat」がアメリカで創刊された。〇二年に創刊した「SHONEN JUMP」の姉妹誌という位置づけで、創刊号の表紙は『NANA―ナナ―』のヒロイン小松奈々が大きく描かれている（価格は「SHONEN JUMP」と同じ約六ドル）。マンガだけでなくファッションや音楽、星占いなどのページもあり、女の子が興味をもちそうなコンテンツがつまっている。

出版したのは、小学館と集英社が共同出資して、アメリカでマンガやアニメのコンテンツ・ビジネスを展開する会社Viz Mediaだ。小学館が一九八〇年代に日本のマンガをアメリカに流通させる目的で投資して作ったViz Communicationsという会社が母体になっている。マンガやアニメ、映画、ゲーム、グッズなど、あらゆる日本のヲタク文化がアメリカでビジネスになる。そのためなら、小学館と集英社がタッグを組んでも不思議ではない。むしろ集英社がもつ「週刊少年ジャンプ」や「マーガレット」などのライセンスと、小学館がもつ「週刊少年サンデー」「ビッグコミック」「プチコミック」などのライセンスを合わせただけでも、とんでもない巨大ビジネスにつながる。

少女マンガの繊細な乙女心、複雑な心理描写、現実には存在しないような理想的な男性キャラ、日常性、ギャグ、すべてがアメリカの女性読者を魅了した。アメリカ文化に寄せていくのではなく、日本らしさを貫くことで、好奇心をかりたてて物語に引き込む。物語の面白さは日本のマンガの得意技で強みでもある。ヲタク文化は共感の文化でもあるので、物語に共感してもらえたことが成功の要因だと言える。

アメリカがクールジャパンに恋をする

フランスの「Japan Expo」のようなヲタクイベントがアメリカにもある。ロサンゼルスで開催されている「ANIME EXPO」は三十万人を集客する巨大な祭典だ。日本企業も多く参加していて、P.A.WORKSやアニプレックス、東映アニメーションといったアニメ制作会社がアニメの原画や作品資料などを展示している。二〇一六年はワーナー・ブラザースが劇場版『アクセル・ワールド INFINITE∞BURST』の冒頭七分を世界初公開して会場を盛り上げた。

テレビの番組改編期にあたる七月の開催とあって、特にアニメの配信サービス会社は新作のアピールに熱が入る。アニメ・コンソーシアム・ジャパンが運営するアニメ配信サイト「DAISUKI.net」もブースを出して積極的にPR活動をしている。このアニメ・コンソーシアム・ジャパンは、クールジャパン機構がバンダイナムコやアニプレックスなどに十億円を出資して作った会社だ。二百以上の国と地域に無料でサービスを展開していて、有料配信が多いアメリカで成功を収めている。動画配信だけでなく、フィギュアやグッズ、ゲームなども扱い、大きな収益につながっている。無料配信は、競争に勝つための会員獲得だけではなく、違法動画を減らして日本のアニメ関連企業を守る目的もある。グッズ販売も正規のものを提供することでニセモノを抑え込むことができ、同じく日本の産業を守ることになる。現在「DAISUKI.net」は、アメリカとカナダで一カ月五ドルの有料サービスもおこなっていて、日本と時差なしにアニメを配信したり、有料会員限定のアニメ作品も提供している。

ゲームでは、バンダイナムコやカプコン、ガンホー、ブシロードといった企業が出展していて、ゲームとアニメを連動させた見せ方をするなどファンの心をつかむ工夫をしている。「ANIME EXPO」に出展している三百五十社ほどのうち、過半数がアメリカの企業で、日本企業は、同業ライバル社が協力し合って巨大なアメリカマーケットに挑んでいる。前述のViz Mediaもそうだが、たとえば紀伊國屋書店とアニメイトが共同のブースでマンガや小説を販売する光景が見られる。日本企業が一丸となった典型は、最近では二〇一六年の「ANIME EXPO」だろう。ランティス、ソニー・ミュージックエンタテインメント、アミューズ、バンダイビジュアルなど六社が協力して、アニソン・イベント「Anisong World Matsuri〝祭〟」を「ANIME EXPO」内で実現させた。

厳密に言えば、ランティスはバンダイビジュアルの子会社で、アミューズはかつてバンダイとアニメ・ゲーム専門のレコード会社を作ったことがある仲だし、現在アミューズはソニーと組んで中国向けにJ－POPや日本のポップカルチャーを紹介する番組を放送している。そう考えるとまったくの敵同士というわけではないが、それでも複数企業が協力して「ANIME EXPO」でアニソン・イベントを成功させたのは特別なことだと思う。日本のエンタメ企業の力の結集だと言っていいだろう。

この「Anisong World Matsuri〝祭〟」は『ラブライブ！サンシャイン』（サンライズ、二〇一六年）の初となる海外イベントや、藍井エイル、JAM Project、春奈るな、スフィア、T.M.Revolutionらによるライブ、FLOWとOLDCODEXの対バン・ステージ、『ワンパンマン』（マッドハウス、二〇一五年）のイベントという超豪華な内容だった。『ワンパンマン（アメリカでのタイトルは『ONE PUNCH MAN』）』は「DAISUKI.net」で二〇一五年秋から放送されると瞬く間に大人気となり、アニメ紹介サイトの「Anime News Network」が発表した一五年放送のアニメ人気ランキングで一位に輝いた。主人公は絶対的な強さをもつがとぼけたキャラクターで、ギャグ乱発のヒーローアニメだ。おそらくアメリカのアニメファンにとっては意外性に満ちたヒーローアニメだと思う。監督の夏目真悟や主題歌を歌ったJAM Project、主人公サイタマの声を担当した古川慎らがイベントに登場して会場を大いに沸かせた。

そんな「Anisong World Matsuri 〝祭〟」は一万八千人を動員して大成功を収めた。その勢いは止まらず、翌二〇一七年もこのイベントは「ANIME EXPO」でおこなわれ、さらにワシントンD．C．で開かれる別のアニメイベント「Otakon」に「Anisong World Matsuri at Otakon 2017」として参加する。

アメリカのアニヲタはアニソンも好きで、LiSA、May'n、Kalafina、中川翔子、茅原実里、KOTOKOといった大物アーティストを「ANIME EXPO」に召致している。ずっとさかのぼると、一九九九年には菅野よう子がゲスト参加している。まだ八回目の開催で「ANIME EXPO」の認知度は低く、来場者数は六千四百人だった。そんなころに菅野よう子をゲストに呼ぶのは驚きだ。菅野はアニソンシンガーというよりは、作曲家、アレンジャー、プロデューサーとして有名で、日本アニメのサウンドトラック（以下、サントラと略記）を語るうえで彼女の存在を無視できない。菅野が最初に注目されたのは『マクロスプラス』（トライアングルスタッフ、一九九四―九五年）だろう。当時としては珍しく、英語で吹き替えた正規のインターナショナル版がアメリカで販売された。それでもハリウッド映画やディズニー大作ならサントラが気になる人もいるだろうが、日本のアニメの作中に流れる音楽に海外のアニヲタが反応するなんて考えられなかったことだ。

『マクロスプラス』のサントラは、壮大で迫力あるオーケストレーションからしっとりしたピアノ曲まで、菅野よう子の音楽がシーンを何倍も盛り上げ、鮮やかな彩りを加えている。彼女の功績によって、アニメの作品そのもののクオリティーが高くなった。『スター・ウォーズ』を製作したジョージ・ルーカスが「映画の半分は音だ」という有名な言葉を残しているが、アニメにも質の高いサントラが必要だとみんなが気づいたのではないだろうか。

アメリカのアニヲタはかなり研究熱心と見えて、菅野よう子以外にも初期の「ANIME EXPO」にアニメ界の重鎮が参加している。たとえば、第五回の一九九六年には『銀河鉄道999』『宇宙戦艦ヤマト』を描いた松本零士、『新世紀エヴァンゲリオン』の庵野秀明監督、『機動警察パトレイバー』や『GHOST IN THE SHELL／攻殻機動隊』（のちに『イノセンス』『スカイ・クロラ』などを世界的にヒットさせる）の押井守監督らが登場している。三日間の開催で三千人も集められないころにこの顔ぶれは贅沢というしかない。

実は一九九二年の第一回開催時には、『機動戦士ガンダム』の生みの親である富野由悠季が招待されている。『ガンダム』シリーズの多くを監督し、ロボットアニメにヒューマンドラマを取り込んで大革命を起こした。富野は、『新世紀エヴァンゲリオン』の庵野秀明監督や、『あの日見た花の名前を僕達はまだ知らない。』(A-1 Pictures、二〇一一年)の長井龍雪監督など多くの後進に影響を与えた。また、声優への指導も熱血で、富野の指導の厳しさに泣きだす声優もいる。そんなこともあり、ガンダムファンでなくても、富野由悠季の名前はアニヲタの間ではよく知られている。

『機動戦士ガンダム』は、アメリカンヒーローとは異なり、主人公のアムロがすねてガンダムに乗りたくないと言うシーンに象徴されるように、肉体ではなく精神的な成長がクローズアップされている。だからこそ、アムロがニュータイプとして覚醒していく過程に説得力がある。あらかじめ特殊能力をもったマッチョなキャラによるパワーバトルが醍醐味のアメリカンヒーロー劇とは対極なところが逆に人気なのだろう。

富野由悠季のほかに堀淵清治も第一回の「ANIME EXPO」に参加している。堀淵の名前はあまりなじみがないかもしれないが、前述の Viz Media の会長である。日本のヲタク文化をアメリカに伝えるために長年尽力してきた人物で、VIZ Pictures のCEOとしても活躍している。VIZ Pictures は邦画をアメリカで配給する会社で、大きな功績はサンフランスコにポップカルチャーの複合施設 NEW PEOPLE を作ったことだろう。映画、音楽、ファッション、書籍、アート、食、雑貨などの日本文化を発信する基地局のような場所として機能している。ちなみに地下に設けられたシアターは、アメリカ初の日本映画だけを上映する施設になっている。二〇〇九年八月のオープニング上映は浦沢直樹の原作コミックスの実写映画『20世紀少年 第1章 終わりの始まり』（東宝）だった。

　富野由悠季と堀淵清治を一回目の開催から引っ張り出してくることからも、「ANIME EXPO」の本気度がうかがえる。ちょっとした興味本位で日本のアニメやマンガをかじった程度では、この二人の名前は出てこないだろう。その後の「ANIME EXPO」の方向性を示す宣言として捉えることもできる。アメリカで開催されるヲタク系イベントの観客は、アメコミ・キャラのコスプレが多いが、「ANIME EXPO」は日本のアニメやゲームの登場人物の姿（しかもかなり本格的）で来場する観客が多い。ひやかし半分のお祭り感覚ではなく、日本のアニメやマンガ、ゲームに対する愛情が感じられる。

　二〇一六年には、新海誠監督の『君の名は。』が世界初上映された。世界中が注目する「ANIME EXPO」の会場でワールドプレミアム上映をすることで、映画の評価がすぐさま世界中に拡散していく。日本で新海誠の名前が広く知られるようになったのは『君の名は。』の大ブレイクがきっかけだ。それ以降日本のメディアが新海誠を紹介する際には、必ずと言っていいほど「海外でも高く評価されている」というフレーズとともに「ANIME EXPO」の映像が入った。

　これからは日本から発信し、海外から評価がリターンされるケースが増えるかもしれない。海外の反応を受けて日本で火がつくのは少し複雑だが、どんな作品がどう評価されるかはとても興味がある。作品への愛があれば国境はないのだから。

世界に届けたい
日本のヲタク・コンテンツ

「SUGOI JAPAN Award」がスタートしたのは二〇一五年のことだ。どうせまた海外で盛り上がっている日本のヲタクフェスだろうと思う人もいるかもしれないが、「SUGOI JAPAN Award」の開催地は日本だ。といっても、どこかの会場に何万人、何十万人を集めるものではない。世界中に知ってもらいたい日本のアニメ、マンガ、ラノベなどを投票で決めようというものだ。

第一回は過去十年間に発表されたものを対象に投票し、マンガ部門は諫山創の『進撃の巨人』(講談社)、アニメ部門には『魔法少女まどか☆マギカ』(シャフト、二〇一一年)、ラノベ部門では渡航の『やはり俺の青春ラブコメはまちがっている。』(小学館)、エンタメ小説部門に有川浩の『図書館戦争シリーズ』(メディアワークス)がそれぞれ一位に選出された。総投票数は七万七千票あまりだった。

投票結果が発表されると、ネットを通じてアジアや欧米に伝わり、世界中のヲタクたちによってSNSで拡散された。ただし『進撃の巨人』や『魔法少女まどか☆マギカ』といった有名どころの作品はとっくに海外では知られている。むしろ、エントリーされたものの上位にランクインしなかった作品に、海外のヲタクたちは注目したかもしれない。ラノベの『やはり俺の青春ラブコメはまちがっている。』は二〇一三年にアニメ化されていて、二期の放送が始まる時期と「SUGOI JAPAN Award 2015」の発表とがちょうど重なるタイミングとなったので、海外でもアニメ好きなら一度は見たことがあるタイトルだったと思う。

つまり、海外のヲタクたちにとって「SUGOI JAPAN Award」は目新しい情報ではなかったと思う。それよりも、日本人がどんな作品をいちばん見てほしいと思っているのか、本家本元の日本のヲタクの意見を聞いてみたい、そこに興味があるのではないだろうか。

「SUGOI JAPAN Award」の事務局長は元「ダ・ヴィンチ」(KADOKWA)編集長の横里隆で、主催は読売新聞社だ。後援として外務省や経済産業省などが参加している。また、Tokyo Otaku Modeが協力しているのだが、この会社がそれこそスゴイ。電通の子会社でネット広告事業をおこなっているサイバー・コミュニケーションズにいた亀井智英が二〇一二年に立ち上げた海外向けネット通販の会社だ。といっても、ピンとくる人は少ないかもしれない。日本のヲタクカルチャーの情報を正しく翻訳して海外に発信したり、イベントの開催や正規版グッズの販売をおこなっている。

亀井は、広告会社に勤めていたこともあってマーケティングが得意で、Tokyo Otaku Modeを立ち上げる際にアジアやアメリカに何度も視察に行っている。たしかに日本のヲタク文化は海外でも人気だが、違法海賊版が多く出回っていることに驚いたという。海賊版がいくら売れても権利者には一円も入ってこない。それも大きな問題だが、亀井はもうひとつの問題に気づいていた。本当に正しく現地の言葉に翻訳されているのか。アニメやマンガを愛するからこそ、どこの国のどんな人たちにも作品の魅力が正しく伝わってほしいと願ったのだ。そうでなくても、文化や習慣が違う海外のファンに細かいニュアンスを正確に伝えるのは非常に難しい。海賊版だと、いいかげんな表現やまったく意味が違ってしまう言葉にすり替わることもある。そもそも海賊版の翻訳や映像の品質に責任をとれる者はいない。Tokyo Otaku Mode の活動は、亀井のヲタクとしての愛からくる使命感なのだ。

亀井が始めたのは「フェイスブック」を使って情報を発信したりグッズ販売の案内をする活動だが、いまでは約千九百万人（九九パーセントが海外ユーザー）が集まる交流の場になっている。二〇一三年に立ち上げた通販サイトでは、百三十カ国以上にアニメやマンガ、音楽などの関連商品を届けている。それだけでなく、海賊版が多い中国で、最大のショッピングサイト「Tmall Global」と、二位の「JD Worldwide」にも出店している。中国で正規版を買うのは裕福層かよほど熱狂的なファンだけかもしれないが、それでも正しいものを届けたいという思いは、同じアニメやマンガを見て同じように感動を共有したいというシンプルな初期衝動によるものだろう。もちろんそれが日本のコンテンツを守ることにもなる。

Tokyo Otaku Mode は、二〇一四年にはクールジャパン機構から十五億円の援助を受け、翌一五年には三井物産やリクルートからも出資を受けている。そんな強力なパートナーたちの力を得て「SUGOI JAPAN Award」が運営されている。

第二回の「SUGOI JAPAN Award 2016」は、一転してとても面白い結果になった。アニメ部門が過去一年以内に放送開始した作品から選出され、マンガ、ラノベ、エンタメ小説は過去約三年半にリリースされたなかから選ばれた。マンガ部門で一位になったのはギャグヒーローものの『ワンパンマン』（原作・原案：ONE／作画：村田雄介／集英社）だ。無敵のヒーローがみんなからバカにされる格好悪い人物設定は、クセがあるのに単純明快で面白い。『ワンパンマン』に票が集まったのは、投票者が何も考えずに自分が好きなマンガを単純に推したのではなく、これを海外にもっていくと絶対にみんなが驚くはずだという思いがきちんと反映された結果だろう。

アニメ部門では『四月は君の嘘』（A-1 Pictures、二〇一四―一五年）が一位になった（以下、少しネタバレします）。ともに類いまれな才能をもつピアニストとバイオリニストの中学生男女が主人公だ。二人とも闇や秘密を抱えていて、必死に自分と闘い、仲間に支えられながら成長していく。その姿を美しい色彩と光あふれる描写で表現していて、あまりにも悲しく切ないラストシーンに号泣した者も多かっただろう。ずば抜けた映像美と感動ストーリーは日本の得意技でもある。『ワンパンマン』同様、よく考えられた投票だったと思う。

ラノベ部門は大森藤ノの『ダンジョンに出会いを求めるのは間違っているだろうか』（SBクリエイティブ）が一位に選ばれた。海外でも日本のラノベ人気は高く、まだアニメ化されていない作品もよく読まれている。ラノベと言えば異世界ものが主流だが、海外には『ロード・オブ・ザ・リング』や『ナルニア国物語』といった超大作のライバルが存在する。

コミックス『ワンパンマン』第1巻（原作：ONE、マンガ：村田雄介、集英社、2012年）

『ハリー・ポッター』もライバルになるのかもしれない。いや、それらの異世界ファンタジーとはスケールもテーマも違うのでまた別カテゴリーになるかもしれない。

日本のラノベには独特な特徴がある。ＲＰＧゲームとヒューマンドラマを融合させたような異世界ファンタジーが多く、そこがやはり日本のオリジナルと言える。どんどん敵を倒してレベルを上げて進んでいく爽快感よりも、登場人物それぞれの心に光を当て、人間関係や精神的な成長に重点を置いた進め方をするのが典型だ。やはり主人公は最初から強いわけではない。全能のキャラはむしろ敵側にいる。シリアスな面もあるが、ゆるいギャグが惜しみなく盛り込まれている。

『ダンジョンに出会いを求めるのは間違っているだろうか』もその日本的王道路線の異世界ファンタジーなのだ。ハリウッド映画級の異世界ファンタジーとは別の方向に独自進化したガラパゴスなラノベは、海外に根強いファンが多い。

最後に、三回目となる「SUGOI JAPAN Award 2017」を見てみよう。ここでも前年と同じ範囲からの選出となった。

マンガ部門のトップは『僕のヒーローアカデミア』（堀越耕平／集英社）になった。職業としてプロのヒーローがいる。ヒーローは一人ではなく、個性の数だけヒーローがいる。そしてヒーローを育成する学校がある。いかにも日本的なヒーロー像で、「週刊少年ジャンプ」の「友情・努力・勝利」を踏襲した王道路線だ。海外のヲタクからすると、こんなヒーローマンガを生み出せるのは日本だけと思うはずだ。

ラノベ『Re：ゼロから始める異世界生活』第1巻（著：長月達平、イラスト：大塚真一郎、KADOKAWA、2014年）

アニメ部門とラノベ部門でともに一位になったのが『Re：ゼロから始める異世界生活』だ。アニメは二〇一六年に WHITE FOX が制作した。ラノベは著者が長月達平、イラストを大塚真一郎が担当してKADOKAWAから出版されている。主人公が突然異世界に移動してしまうところから始まり、何度もタイムリープする。もうすでにいろんな作品で何度もやり尽くされてきた展開だ。視聴者も読者も、この手の話はもう飽きているはずだ。ところが不思議と主人公に感情移入し、どうなるのだろうと話に引き込まれる。謎解きの要素も加わり、物語は途中から大きく動きだす。アニメやラノベには見慣れた入り口でも、その奥にはまだまだ見たことがない物語の扉があるのだと思わせてくれる作品だ。

エンタメ小説部門は、新海誠が執筆した『君の名は。』（KADOKAWA、二〇一六年）が一位になった。映画の公開よりも二カ月ほど早く出版されたので、わたしは小説を先に読んでから映画を見ることにした。すでに小説の段階で一度泣いてしまっていて、どこでどうなるのかわかっているのに映画でまた涙がこぼれそうになった。同じ経験をした人も多かったのではないだろうか。映画が先でも小説が先でもいいので、海外の新海ファンの反応をつい知りたくなる。

狙って生まれたブームはいつか終わりがくるが、これらの作品は海外進出のことだけに狙いを定めて作られたわけではない。だから海外にもっていくと潜在的な魅力が解き放たれる。その海外進出を意図していない作品たちを積極的に海外へ売り込もうとしている「SUGOI JAPAN Award」は、本当に面白い企画だ。クールジャパンの可能性はきっとわたしたちの予想をとっくに超えていると思う。

アジアでの日本のポップカルチャー復活のカギ

「Anime Festival Asia」は、日本のポップカルチャーを紹介するイベントで、シンガポール、インドネシア、タイなどで開催されている。このジャンルのものでは東南アジア最大の祭典と言われ、メイン会場のシンガポールで九万人以上、ジャカルタやバンコクも含めると二十二万人以上を動員する規模となっている。バンダイやキヤノン、日清食品、アニメ制作会社のアニプレックス、カードゲームで有名なブシロード、フィギュアを中心とした玩具メーカーのグッドスマイルカンパニー、メガハウスといった日本企業が多数出展している。経済産業省がクールジャパン事業として参加する一方で、コミケのような個人出展のブースも用意されている。

スタートしたのは二〇〇八年で、主催しているのはSOZO。アジア圏に広く日本のポップカルチャーを紹介する目的で設立された企業だ。このSOZOの代表者ショーン・チンは、元電通シンガポールの社員だった。フランスの「Japan Expo」やアメリカの「ANIME

EXPO」のようなイベントをアジアでもおこない、ビジネスとして成立させたいと思い立ち上げた。

「Anime Festival Asia」では、アニメの関連グッズや日本食、コスプレグッズ（もちろん会場にはコスプレイヤーが多数）などの販売、メイドカフェやファッションショーがあり、カラオケでアニソンを歌えたりもする。

大きな特徴は、アニメを切り口に日本の音楽をかなり大々的に紹介している点だ。fripSide、LiSA、GARNiDELiA、May'n、angela、喜多村英梨、藍井エイル、Kalafina、水樹奈々といったそうそうたるアーティストたちが参加している。フルメンバーではないが、アイドルマスターやμ'sも過去に出演している。現地のライブの模様は「ニコニコ生放送」を通じて日本に配信され、アニソンで日本とアジアがリアルタイムでつながるというエキサイティングなイベントが実現した。

日本の音楽業界はアジアのマーケットを大きな魅力と考えていて、ホリプロとソニー・ミュージックエンタテインメントがSOZOに資本出資している。ほかに芸能事務所のアミューズが出展するなど、「Anime Festival Asia」を音楽ビジネスの重要なマーケティングとして捉えているようだ。このようなイベントは、すぐに観客の反応を見られるので、これからどのように音楽ビジネスを展開していくか戦略を立てるうえでも貴重な場となる。

たとえば、二〇一二年にステージに立ったのはアニソンを歌っていないBABYMETALだった（アミューズ所属）。しかもまだ日本で人気に火がつき始めたばかりで、海外ツアーに出るようになるのは一二年も先だ。しかし、一二年は「YouTube」にアップされたBABYMETALのMVが世界中から注目を集めて再生回数が急上昇していた時期でもある。このタイミングで一二年の「Anime Festival Asia」にシンガポール会場、一三年にはインドネシアの会場でライブをおこなうと大盛況でサイン会も人だかりとなった。BABYMETALにとって、一四年から本格的に海外進出するための重要な経験になったのはまちがいない。

二〇一五年には、ポニーキャニオン所属の声優やアニソン歌手などによるライブイベント「P's LIVE」を初めて海外でおこなった。その会場が「Anime Festival Asia」のシンガポール会場だった。メインステージでおこなった二時間半のライブは大成功を収めた。

では、「Anime Festival Asia」で歌以外のコンテンツにはどんなものがあるか（ここでは読みやすさを優先して作品タイトルだけを列記します）。まずアニメ業界のゲスト陣が実に渋いのだ。二〇〇八年の一回目は、『機動戦士ガンダム』シリーズのメカニックデザイナー大河原邦男や、映像制作会社STUDIO4℃（『鉄コン筋クリート』、『ベルセルク 黄金時代篇』三部作、『ハーモニー』などを制作）の設立メンバーのアニメーター森本晃司がゲスト出演している。

二〇一二年には、アニメプロデューサーの石川光久が招待されている。彼は竜の子プロダクション（現タツノコプロ）出身で、現在、アニメ制作会社Production I.Gとその親会社IGポートの代表を兼任して、『君に届け』『ダイヤのA』『ハイキュー!!』『進撃の巨人』などのヒット作を多数手がけている。ちょうど石川がゲストに呼ばれた一二年にProduction I.Gは、『PSYCHO-PASS サイコパス』『新テニスの王子様』『図書館戦争　革命のつばさ』『黒子のバスケ』などの人気作を制作公開している。タイムリーに最重要人物をゲストに呼んできたセンスはさすがだ。

プロデューサーの石井朋彦も二〇一二年に招待されている。石井は、スタジオジブリに在籍していたときに『千と千尋の神隠し』『ゲド戦記』などに参加し、ジブリを離れてからは『東のエデン』『009 RE:CYBORG』などをプロデュースしている。

アニメ監督のいしづかあつこは、二〇一四年夏にインドネシアの会場、同じ年の冬にシンガポールの会場に招待されている。彼女は、過剰なほど光あふれるキラキラした映像美を作り出すことで有名な監督だ。といっても、日本のアニヲタのなかでいしづかあつこの名前を知る者は少ないかもしれないが、『ちはやふる』『さくら荘のペットな彼女』『ノーゲーム・ノーライフ』『プリンス・オブ・ストライド オルタナティブ』と言えば、うなずく人は多いと思う。

ちなみにシンガポール会場でMCとして登場したのがニッポン放送の吉田尚記アナウンサーだ。言わずと知れたヲタクで、アニメや声優に関連したイベントや声優へのインタビュー、執筆などの仕事が多い。「マンガ大賞」の発起人で実行委員を務めていることでもよく知られている。

「Anime Festival Asia」では、話題のアニメの特設ステージを用意して、監督やプロデューサー、声優などみんなに登場してもらおうという傾向が強い。いしづかあつこ監督が二〇一四年に招待されたときは、中国の配信放送で『ノーゲーム・ノーライフ』が大ヒットしていて、シリーズ構成の花田十輝、プロデューサーの田中翔らがともにステージに上がった。千人を超える観客が集まり、立ち見も出る人気ぶりだった。

二〇一五年は『Charlotte』の専用ステージが組まれて、監督の浅井義之、主要人物の一人である西森柚咲役の内田真礼、OPを歌うLiaらが登場した。さらにそのあと内田真礼のサイン会がしっかりセッティングされていた。

観客はアジアだけでなく、欧米やオーストラリアからも来場する。二〇一二年にはブラジルのテレビ局が取材に訪れている。いろんな国や地域から集まってくるファンを前にしておこなわれるトークショーは、日本語を英語に訳しながら進められる。日本語の段階で反応する観客もいて、ヲタク文化から日本語を学ぶ人はやはり多いようだ。

アジアには、日本のエンタメ文化が浸透していて、一九七〇年代から八〇年代にかけて山口百恵や谷村新司などの歌がよく聞かれた。山口百恵主演のドラマ『赤いシリーズ』は規制が厳しい中国で全国放送されたほどだ。九〇年代に入ると『東京ラブストーリー』『101回目のプロポーズ』などが日本と同様にアジアでブームになり、主題歌もヒットした。ジャニーズ人気も高く、SMAPや嵐は、アジアで誰もが知る日本のアイドルとなっている。そこにモーニング娘。やAKB系列のアイドルたちが加わってくる。

ところが、韓国のドラマが猛烈な勢いでアジアを席巻し、日本の音楽人気が失速していった。そもそも日本国内で音楽産業が苦戦しているのに海外ではピーク時の人気をずっと維持したまま、という都合のいいことは起こらない。「Anime Festival Asia」を主催するSOZO

のショーン・チン代表は、日本の音楽を聴こうと思っても何を聴けばいいかよくわからないが、お気に入りのアニメをきっかけにしたアニソンなら悩まずにチョイスできると言っている。

日本のエンタメ企業としてもK－POPや韓流ドラマに押されたままでは、ますますマーケットは先細りになるだけだ。ここでヲタク・コンテンツに復活をかけるしかない。たとえばホリプロと言えばアイドルだが、最近は声優の発掘・育成にも力を入れている。アイドル産業から手をひいたわけではなく、別のコンテンツにヒットの可能性があるのなら、そこを糸口にして新しくエンタメの土俵を再構築すればいいと考えているのだろう。だから、ホリプロがSOZOと資本提携して「Anime Festival Asia」に出展するのもよくわかる。山口百恵を見て育った世代が親となり、その子どもたちがジャニーズにハマり、やがて親になってそのまた子どもが日本のアニメやアニソンに興味をもってくれたら、それはすてきなことだ。

二〇一七年に「Anime Festival Asia」は「C3」と統合して「C3 AFA」の名称に変わり、より大きな規模でヲタク系イベントをアジアで展開することが発表された。統合相手の「C3」は香港や北京で開催されているポップカルチャーイベントで、主催しているのは創通という日本企業である（「C3」の詳細については後述する）。

中国のヲタク文化事情

中国には、アニメやマンガが好きな若者が約二億人いると言われている。ヲタク産業は四兆円規模のマーケットで、今後さらに成長が見込まれ、機関投資家はアニメ制作会社や動画配信サービス企業に積極的に投資している。動画サイトは、日本と正式にライセンス契約して翻訳をつけて流しているケースもあるが、やはりどうしても違法動画のほうが多いのが現状だ。

定額の見放題サービスは、これから契約者数が増えていくと思われるが、日本のアニメに対する規制が厳しく、『進撃の巨人』『暗殺教室』『PSYCHO-PASS サイコパス』、『DEATH NOTE』（MADHOUSE、二〇〇六―〇七年）、『新妹魔王の契約者』（プロダクションアイムズ、二〇一五年）といった残忍、エロ、国家テロといったシーンが出てくるアニメは公開すると処罰されるので配信リストに含まれない。お金を払っても見られないアニメがある一方で、動画共有サイトでは規制された日本のアニメが違法にたれ流されているのが実情だ。全話がじっくり検閲される一方で、ほとんどタイムラグなくノーチェックで違法配信されるアニメ、どちらが視聴者のニーズに合っているかは考えるまでもない。

では、中国のヲタクは、中国が制作したコンテンツに熱狂しているのかというとそうではない。圧倒的に日本の作品に人気が集中している。合法／違法にかかわらず日本のアニメを常に目にしている。そしてよくあるのが日本のパクリ（あるいはよく似たモチーフ）作品だ。元ネタが日本作品だと気づいた中国のファンが、自国の作品をネットで酷評することもある。似ているかオリジナルかの論争は絶えないが、パクリ問題がネットで話題になるたびに元ネタとされる日本の作品を人々は確認する。そこで描写の美しさやストーリーの世界観、ＣＧ技術などを目の当たりにして日本のアニメに深くハマっていく。

最近の試みとしては、中国と日本が共同でアニメ制作をするケースがある。中国と日本の有名声優を起用し、ジャパンクオリティーで作っていく。中国と共同制作なら検閲もクリアしやすい。それに、いちばん視聴率がとれる時間帯に放送できる。中国では、ゴールデンタイム（十九時から二十二時）は海外アニメの放送が禁止されている。深夜枠でも、前述のように内容に問題ありとレッテルを貼られてしまうと放送自体ができなくなる。海外ドラマもゴールデンタイムに放送ができない。また、時間帯に関係なく一日の放送のうち海外番組は二五パーセント以内と決められている。

規制前は放送していたアニメの八〇パーセントが日本のものだと言われているので、中国政府はいかに自国で作ったアニメ（アニメに限らずエンタメ全般）の促進に力を入れているかがわかる。世界レベルで通用するエンタメ・コンテンツを作れば、まちがいなく大きな利益につながり、中国国内のエンタメ周辺産業も躍進すると算段していると思う。完全に海外作品を締め出さないのは、日々発展していく世界のエンタメ産業を視野に入れておきたい意図もあるはずだ。

中国のアニメ制作の方向性は三つに分かれる。一つ目は、クオリティーよりも量を重視する方針だ。それは中国政府の指導によるもので、じっくり時間をかけて品質がいいアニメやコミックスを作るよりも、スピードと量で勝負する。そのなかからずば抜けた作品が一つでも二つでも生まれればいいと考えているのだろう。しかし、内容を犠牲にしてスピードと量を求めることで、他国のヒット作をまねしたパクリ作品のようなものが生まれてしまうこともある。

二つ目は、日本の優れたアニメーターを引き抜くことでクオリティーを向上させる考え方だ。日本のアニメ制作の現場が低賃金なのは有名なので、引き抜きやすい環境にある。具体的には、原画マンの年収は約二百八十万円と言われている。原画は動きを構成しているポイントの絵のことで、右から左に移動する場合、動き始めと動き終わり、さらに途中でポーズに変化があればその変わるポイントの絵のことだ。たとえば走る馬の足運びはかなりポイントが多くなる。原画マンが描く原画と原画をつなげるために絵を描き足す（「中割り」という）作業をする動画担当の年収は約百十万円しかない。作画監督は原画に修正を入れたり全体の絵柄に統一感をもたせる役割で、約四百万円の年収と言われている。かつて家電メーカーの技術者が韓国や中国に引き抜かれていることがニュースになったが、同じような現象がアニメ業界にも起こっている。

三つ目は、ディズニー出身者を迎え入れて、ディズニーのノウハウを取り入れて制作する手法だ。キャラクタービジネス展開まできちんと視野に入っている。制作のスケジュール管理を徹底して、世界中の映画館で上映できるクオリティーと内容の長篇アニメを目指しているようだ。

実際に中国のヲタクに現状を尋ねてみると、スピードと量産が主流で、日本アニメやディズニーを脅かすような作品がザクザクと登場することはまだないようだ。たまに長篇で優れた作品が制作されるが、ディズニーのようにフル3DCGで、内容はスタジオジブリのような作品が多いという。

家電業界とアニメ業界を同じようには語れないが、いずれ日本企業が次々と撤退して、気づけば中国メーカーの傘下になっていたりするのかもしれない。

ここで少し中国のゲーム業界についてふれておこう。スマホゲームは日本同様に若者たちに人気があり、三億人のプレーヤーがいるとされている。そんなゲーム大国の中国で、日本のゲームはどうか。中国政府による検閲が厳しく、発売まで時間がかかってしまうことから、なかなか正規版は浸透していない。したがって中国オリジナルのゲームが売り上げランキングの上位を占めている。ただし海賊版が大量に出回っているので、非合法に日本のゲームを楽しんでいるプレーヤーもいる。その数は未知数だが、日本のアニメやマンガの人気から推測すると、やはりゲームのカテゴリーでも根強いファンは多そうだ。

中国でコンテンツ・ビジネスを成功させるには

アニメやマンガのフェスが全国で開催される中国では、国家機関が主催する大規模なものから民間レベルの中小規模のもの、地方都市で開催されるローカルイベントまで多数開催されている。「上海 ComiCup 魔都同人祭」といった日本のコミケを模した同人サークルのイベントも盛況だ。これらのフェスは夏休みや秋におこなわれることが多く、人気もある。毎年定期的に開催されているものや、単発で終わってしまうものもある。国家機関の主催だからといって、展示・販売されているものが正規品ばかりとはかぎらない。非正規品も堂々と展示・販売されている。

「中国国際動漫節」は、「中国国際アニメフェア」「杭州アニメーションフェア」とも呼ばれ、百三十万人以上を動員している。一般アニメファンだけをターゲットにした祭典ではなく、コンテンツ・ビジネスの商談の場でもある。八十の国と地域から企業が集まり、コンベンションや展示会、フォーラム、商談がおこなわれている。一般市民がコスプレをしている一方で、中国産アニメの売り込みを積極的に他国へ仕掛けている。新作や話題作の紹介やアニメ賞発表（複数の賞が発表されるがほとんど中国産アニメが受賞する）のイベントが目白押しだ。

ここに出展しているのが、集英社とライセンス契約をしている翻翻動漫集団という出版社だ。『ONE PIECE』『ハイキュー!!』『黒子のバスケ』『遊戯王』などを掲載するマンガ雑誌

「漫画行」を出版している。すべて日本のマンガというわけではなく、中国国内のマンガ家の作品も掲載している。翻翻動漫集団が日本企業の子会社ではなく純粋な中国企業であることも、検閲をスムーズに通過して出版を継続できる大きな要因だと言える。

また、KADOKAWAグループは、中国で出版事業をおこなう湖南天聞動漫伝媒と共同出資して広州天聞角川動漫という会社を二〇一〇年に設立している。ライトノベル誌やBLコミック誌を中心に、コミックスの単行本やグッズ販売を中国でおこなっている。会社の代表者は中国人で、出資比率もKADOKAWAのほうが少ないのは検閲などを考えてのことだろう。世界で活躍できる有能な中国人作家の発掘育成にも余念がない。

たとえば、宮廷を舞台にしたBL作品の『太子』(原作:風弄、漫画:皇風)は中国で人気が高く、日本では無料サイト「ComicWalker GLOBAL」で読むことができる。日本語翻訳版は縦長の吹き出し枠内になぜか横書きでセリフが入っていて、不自然さはあるものの、作画はうっとりするほど美しい。ちなみに『太子』のセリフは中国版でも縦長の吹き出しに横書きで書かれている。中国のマンガはすべてこのスタイルかと言えば、日本のように縦書きのものもあり、特にこだわりはないようだ。日本のマンガのスタイルをまねしたのか、吹き出しに関してはほとんどが縦長になっている。読みにくいというより、絵の構図を崩してしまっていて、画力が素晴らしいだけに残念だ。

中国だけでなくアジアで広く人気のChiyaは、香港人の女性マンガ家だ。同人活動を経て、二〇一四年に『星語者』で国際漫画賞に入選している。国際漫画賞は日本の外務省が主催するマンガ賞で、当時の麻生太郎外務大臣の肝いりで設立された。Chiyaが「中国国際動漫節」にゲスト出演すると、多くのファンやメディアに注目される人気者だ。Chiyaの『星語者』は、オールカラーの水彩画で描かれたメルヘンタッチのやわらかい絵が特徴。セリフ以外にト書きのようなものが大量に記載されていて違和感を覚える。『星語者』は「ComicWalker GLOBAL」や、天聞角川の絵本雑誌（中国ではフルカラーのマンガは絵本にカテゴライズされる）「画匣子」に掲載された。

天聞角川は、中国人作家を育てると同時に、『機動戦士ガンダムUC』『魔法科高校の劣等生』『涼宮ハルヒの憂鬱』『ラブライブ！』などの人気作品を展開しているが、ビジネスとしては苦戦しているようだ。雑誌の売り上げは芳しくなく、電子版への移行や休刊の道をたどっているのが現状だ。現地の作家をスターにし、日本の人気作品をずらりと並べても、やはり海賊版を押しのけて採算がとれる水準で安定した出版を継続するのは難しいようだ。たとえば『ONE PIECE』の正式翻訳タイトルは『航海王』だが、中国国内では『海賊王』という違法に出版された翻訳タイトルのほうが有名だ。有名というより『航海王』という正式タイトルがほとんど知られていない。

KADOKAWAや集英社などの日本企業は、台湾や香港での成功体験をもとに中国に進出しているケースが多い。KADOKAWAは、情報誌「Taipei Walker」「Hongkong Walker」を月刊で出版しているし、台湾ではコミック誌の「月刊少年エース」「月刊Asuka」のほか、BLやラノベの分野も好調だ。さらにマンガ家や声優を育てるための学校・KADOKAWA Animation and Design School を台湾とタイに創設している。

集英社が「ONE PIECE 展」を初めて海外で開催したのは台湾だった（二〇一四年）。また、「週刊少年ジャンプ」で人気を博した『テニスの王子様』のミュージカルのライブビューイングが台湾と香港でもおこなわれて成功を収めている（二〇一六年）。バンダイは公式ショッピングサイト「プレミアムバンダイ香港」を二〇一二年にオープンして、フィギュアやキャラクターグッズを販売している。

二〇〇九年に香港で初めておこなわれた「C3」は、日本のポップカルチャーを紹介する祭典で、一六年には約二十二万人を動員している。キャラクター、カルチャー、コンテンツのそれぞれの頭文字をとって「C3」とネーミングされたこのイベントは、日本企業の創通が主催している。創通は、アニメ制作のプロデュースからキャラクターグッズなどの版権ビジネスを手がけている。「C3」への参加企業も八割は日本企業で、サンライズやバンダイナムコグループ、セガ、東映アニメーション、アニプレックス、KADOKAWA、グッドスマイルカンパニーといったおなじみの顔ぶれだ。

二〇一七年、その「C3」と「Anime Festival Asia」が統合して、超巨大フェス「C3AFA」が誕生した。まず一七年から一八年にかけて、バンコク、ジャカルタ、千葉（幕張メッセ）、シンガポール、香港の五都市を回る。アジアでアニメ系のイベントが乱立していて、参加する日本企業はよく似た複数のイベントに投資を分散してきた。それらを一本にして各企業の資金やコンテンツを集結させれば、より大きな成功につながると考えたのだろう。実際バンコクは「C3」も「Anime Festival Asia」も開催してこなかった場所だ。いままで大規模なアニメフェスと縁がなかった地域に「C3 AFA」をもっていくことで、クールジャパンのファンも増えてビジネス拡大の可能性も出てくる。

ちなみに二〇一六年の「C3」は北京で開催しているが、「C3 AFA」の初イベント開催地に中国本土は含まれていない。たとえば、台湾や香港でコンテンツ・ビジネスが成り立つのは、海賊版が少なく正規版がきちんと売れるからだ。台湾の若者に聞いてみると、台湾では違法に翻訳出版されたコミックスを探すほうが難しいという。相変わらずネットには違法動画が多数存在しているが、本物を購入する風潮が定着しつつあるというのだ。

ところが、台湾や香港の感覚で中国全域にビジネス展開を仕掛けると思うようにいかない。アニメやマンガ、その関連グッズは権利ビジネスだが、正規版を買い求めるような本物志向のファンで富裕層の数が読めないので採算予測を立てにくいのが現状だ。それに中国は広いので宣伝コストがかさむのもネックになる。

上海出身のアニヲタに話を聞くと、アメリカのディズニーと日本のジブリは二大巨塔で人気が拮抗しているが、技術力では日本が少し上に位置していると思っているヲタクが多いらしい。ただし、アニメーターを目指す若者は（比較的裕福な人に限るが）渡米してアニメ制作を学ぶ傾向が強いそうだ。

中国のヲタクは日本のアニメをよく知っている。テレビではほとんど放送されないので、動画共有サイトで見る。しかし、少し地方に行くと情報が激減する。いま、日本のアニメで何が流行しているか知らない。それこそ動画共有サイトを見るのなら、上海だろうが田舎《いなか》だろうがまったく変わらないと思うのだが、実際はそうではないらしい。中国はあまりにも広大で人口も多いので、いくらいいアニメ作品でも隅から隅まで行き渡らせるには、強力な宣伝力がないと到底無理だというのだ。中国で成功するには、第一に技術力で、その技術力より重要なのが作品のストーリー性で、それよりも大切なのがエンタメ性や創造力だと話す。そしてそれらを上回る最も重要なことが宣伝力だと上海出身のヲタクは分析していた。

さらに、裕福な若者ほど正規版をコレクションしたがる傾向にあるらしい。好きなアニメのものなら迷うことなくどんどんお金を使うようだ。それも都会の若者に顕著だという。そこまで消費ターゲットがしぼられてしまうのなら、膨大な人口を抱える中国マーケットでのうまみはかなり目減りしてしまう。

話は少し変わるが、興味深いことが二〇一六年に起こった。台湾の人形劇『Thunderbolt Fantasy 東離劍遊紀』が日本のアニメファンの間で静かなブームになったのだ。日本国内で台湾の人形劇など知名度はゼロに近い。知名度どころかそれまで興味や関心さえなかったと思う。強い逆風が吹き荒れる環境の状態から、目の肥えたアニヲタの心を少しずつつかんでいった。

アニメ好きなら誰もが抱える悩みだと思うが、録画するアニメの量が多くて視聴が追いつかず、ハードディスクにまだ見ていないアニメがどんどんたまっていく。どうにかしてそれらを消化しなければと日常的に思っているところに、台湾の人形劇に手を出す余裕などない。それでもちょっとしたブームになったのだから、高いポテンシャルをもった作品と言える。

その人形劇『Thunderbolt Fantasy 東離劍遊紀』は、虚淵玄（日本人の脚本家）が原案・脚本・総監修を担当した。二〇一四年に「台北国際動漫節」で台湾を訪れた際（虚淵のサイン会が催された）、たまたま人形劇『布袋劇』を目にして映像の素晴らしさに感動した虚淵は、これを日本にもっていこうとした。ところが、いつも一緒に仕事をしているスタッフに聞いても誰も知らないし、人形劇の輸入に乗り気でもない。台湾では視聴率九七パーセントを獲得するほどの「布袋劇」でも日本では見向きもされない。日本から世界にポップカルチャーの波は自然に広がっていく。違法なものも含めればこちらが意図しなくても勝手に広まっていく。ところがアジアから日本にエンタメ・コンテンツが輸出され、それが長く定着した例は、韓流ドラマやK－POPの成功を除けば極端に少ない。

それでも虚淵はあきらめなかった。当初は台湾の人気作品に日本語の字幕を付けたものをもってこようとしていたが、台湾側のスタッフと相談するうち、企画からストーリーまですべて日本オリジナルでやるという話に発展した。たぶんそこが運命の分かれ道だったと思う。

虚淵玄は、『Fate/Zero』『魔法少女まどか☆マギカ』『PSYCHO-PASS サイコパス』などの大ヒット作を生み出した脚本家で、日本だけでなく世界的にも名前がよく知られている。その実力を台湾スタッフも熟知していたのだろう。企画や脚本、監督を虚淵が引き受け、彼が所属するゲーム会社ニトロプラスのデザイナーがキャラのデザインを考え、日本のトップ声優たちが起用された。主題歌はT.M.Revolutionに決まった。人形の制作と操作は本場台湾の職人たちが担当し、さらに日本のフィギュアメーカーのグッドスマイルカンパニーがアドバイザーとして加わった。

そんな豪華な顔ぶれと虚淵が各方面でイベントや宣伝を仕掛けたこともあり、アニヲタの間で「虚淵さんが何か新しいことをしようとしている」と噂になった。ベールに包まれた、というよりも高い壁があった台湾の人形劇に対する意識が少しずつ変わっていった。いよいよ放送が始まると、人の手で人形を動かすアナログ感と、派手なCG演出、特撮の要素も入り、見たこともない大迫力の人形劇にみんなが驚いた。じわじわとファンが増え、最終話（十三話）の放送時に続篇の制作が発表されると歓喜の声がSNSを駆け巡った。また「週刊モーニング」（講談社）でコミカライズもされた。

日本のポップカルチャーを世界に発信するだけでなく、日本のエンタメにはないコンテンツを海外からもってくる交流や共同制作がもっと活発化すれば、さらにヲタク産業は面白くなる。検閲や海賊版がどうこうと言っている次元からもう一段階も二段階も先へと進めるはずだ。

すべてのアニメが、ここにある。

日本で開催される国際的アニメフェス「AnimeJapan」のキャッチフレーズは「すべてのアニメが、ここにある。」だ。二〇一四年に始まったフェスで、東京ビッグサイトに十三万人以上を動員し、報道関係者は国内外四百六十社以上にものぼる。できるだけ多くの層が楽しめるようファミリーエリアが設けられ、小学生以下を入場無料にするなどして親子で気軽に参加できるようにした。また、ビジネス商談がしやすいように一般開催日とは別に商談日を設定している。

珍しいのは「AJ Night」という前夜祭があり、アニソンのクラブイベントが開催されていることだ。アニソンフェスと言えば、各アーティストが順に登場し、それぞれの持ち時間をライブパフォーマンスするのが通常のスタイルだ。しかし「AJ Night」は、DJが入れ代わり立ち代わりノンストップでアニソンをプレイし、アニソンアーティストが次々と登場してライブをおこなう。アニメを編集した映像が流れ、サプライズゲストが登場し、会場限定グッズが販売される。まさにお祭り騒ぎの前夜祭が四時間半にわたっておこなわれるのだ。そして、その熱が冷める間もなく「AnimeJapan」本番がスタートする。

「AnimeJapan」では、アニメ制作会社やテレビ局などの企業が百社以上参加していることもあり、アニメ番組のイベントが好評だ。メインキャストの声優陣や監督らが登場してトークやゲーム、朗読劇などをおこなう。これから放送されるアニメのキャスト声優が突然発表されたり、先行上映がおこなわれる。担当声優たちによる収録現場でのエピソードや作品解説などが聞けるコーナーも用意されている。

ちなみに二〇一六年は、前項で紹介した人形劇『Thunderbolt Fantasy 東離劍遊紀』のブースがあり、キャストやスタッフがどこよりも先駆けて発表され、作品紹介や人形劇の実演などがおこなわれた。「AnimeJapan」の開催は三月で、『Thunderbolt Fantasy 東離劍遊紀』の放送は七月なので、来場者にとってお得な先取り情報になっていた。

また、バンダイビジュアル、サンライズ、ランティスが共同で広いブースを設け、複数の巨大スクリーンで来場者を囲むようにしてアニメ映像を流して作品世界に入り込めるようにしている。グッズや創刊前の雑誌を無料配布するなどのサービスもあった。

スマホ（スマートフォン）向けにマンガを無料（一部有料）で提供している「comico」が「AnimeJapan」に初参加したのが二〇一五年で、「comico」掲載の作品が続々とアニメ化されようとしている時期だった。フルカラーのマンガが誰でも無料で読めることと縦スクロールでストレスなく読み進めることができるのが「comico」の特徴だ。一五年春の「AnimeJapan」参加の時点でアプリのダウンロード数は九百万にもなった（サービス開始は二〇一三年。スマホだけでなくパソコンでも閲覧可能）。すでに利用している人たちの熱気に押されるようにして、まだ利用していない人がついアプリをその場でダウンロードする光景もあり、積極的なアピールが功を奏した。単行本化、アニメ化、映画化、舞台化などの展開も決まり、

「comico」としては貴重な宣伝の場になったようだ。

ユニークな試みとしては、二〇一五年夏に放送されるアニメ『それが声優！』（GONZO）の声優公開オーディションがおこなわれた。対象は声優を目指して勉強中の学生で、『それが声優！』でプロと一緒にアフレコができる企画があり、その最終オーディションが「AnimeJapan」の会場となった。

ほかにも痛車（アニメキャラやロゴ、アニメの世界観をボディーに塗装したりシートを貼った車）の展示もあった。もちろんアニメフェスの定番であるコスプレイヤーも大勢いて、会場の雰囲気が一層華やかになる。また、世界最大級のアニソン・イベント「Animelo Summer Live」の内容が「AnimeJapan」内で発表された。まさに「すべてのアニメが、ここにある。」のフレーズどおり、アニメですべてがつながっているのだ。

こういった豪華なアニメフェスが実現する理由は、「AnimeJapan」の実行委員会がアニメ関連会社約二十社の代表者によって組織されているからだ。各社が協力し合ってコンテンツ・ビジネスを拡大していこうとしている。たとえば、JETRO（日本貿易振興機構）の協力を得ることで、欧米だけでなくいままで積極的にアプローチする機会がなかった南米や中東の地域からも企業を招いてコンテンツの売り込みをしている。海外のバイヤーとの商談には、一般客が来場する日とそうでない日の両方が用意されている。人気があるアニメは何か、どのぐらいの熱狂ぶりなのかなどを一般来場者の様子を直接見てリサーチしたいというバイヤーもいれば、じっくり商談だけをしたいバイヤーもいるだろうから、そういう配慮は売り込む側にとっても双方に有益だと思う。アニメをもっと世界に広げる夢が「AnimeJapan」で実現できるのも、各社が一丸となって同じ方向に歩んでいるからだ。そういう意思統一とアニメの可能性に大きな夢を馳せる場が「AnimeJapan」なのだ。

「AnimeJapan」は国内ビジネスも大切なマーケットと考え、魅力的な仕掛けをしている。たとえば日本の伝統工芸とアニメがコラボした限定商品の展示・販売だ。アニメの舞台となった場所を訪れるいわゆる聖地巡礼で町おこしをするのと同じ理屈で、アニメ作品とゆかりがある土地の伝統工芸でコラボグッズを作っている。それによって普段は伝統工芸に興味がない人たちに認知してもらうことができる。アニヲタは、自分が好きなアニメグッズならコレクションしたい欲求があるので、それらの工芸品を少々高額でも購入していく。伝統工芸品は知って興味をもってじっくり研究して、それからお気に入りを買うのが一般的な消費パターンだと思うが、コラボ商品というだけで知ってから購入するまでのスピードが驚異的に早い。出展側としても、これをきっかけにあとから興味をもってくれればいいと考えているようだ。もちろん日本の伝統工芸品は、海外の人の目にも魅力的に映るはずだ。一石二鳥にも三鳥にもなっていく。

これらの試みやアピールの仕方は、ほかのアニメフェスの運営者にも興味深いようで、フランスの「Japan Expo」の主催者が視察に来場するほどだ。国内外のプレス関係者も多数参加しているので、テレビやウェブサイト、雑誌などの各メディアで「AnimeJapan」が紹介される。本場日本で開催される大規模アニメフェスだけに、海外での注目度は大きい。日本ではアニメ関連を扱う媒体で紹介されるのはもちろん（『ジャパコン★ワンダーランド』〔BSフジ〕では二週にわたって特集を組んだ）、『めざましテレビ』（フジテレビ系）のような朝の情報番組でも大きく紹介されている。

「AnimeJapan」の実行委員会は、いまアニメを見ている子どもたちにもっとアニメを好きになってもらいたい、いつか新しいアニメを作り出す人材に育ってほしい、と考えている。アニメは一時のブームではなく文化として、次の世代に受け継がれなければならないし、何より子どもが楽しめるものでなければならない。「AnimeJapan」は大人がワクワクできるお祭りでありビジネスの場でもあるが、未来につながる次の世代が本当の主役なのだ。いまの子どもたちにアニメの夢をもってもらう。そういう役割をこの国は担っている。

第3章

アニソンが音楽特区になる

アニソンが音楽業界を救う

声優にとって生活や活動の場が大きく変化するのが音楽活動だ。アニラジやアニメのイベントでステージに立つのとはかなり違う。いまどき声優が音楽活動をするのは珍しくない。提供された楽曲を歌うだけでなく、作詞や作曲もする。声優として何かを演じるのではなく、声優自身の自己表現として歌がある。そこがキャラソンとの境界線になる。

キャラソンは、クレジットが声優の名前ではなくキャラクター名になっていることからわかるが、アニメの登場人物が歌っている設定なので役柄を意識する。それに対して声優名義で主題歌を歌った場合は、パーソナルな楽曲になる。主題歌の場合、アニメの世界観をふまえたものになるが、声優の解釈とフィルターを通して歌う。キャラの声ではなく声優の地声に近い。そのアニメに出ていない声優がＯＰ曲やＥＤ曲を歌うことだってある。

声優の音楽活動で一般的なパターンは、次のようになる。キャラソンを何曲か歌ったあと、声優名義で初シングルをリリースする。タイアップ曲を数曲リリースして売れ行きが好調であればアルバム制作が企画される。そこで声優自身の考えや表現したいことなどを取り入れながらコンセプトや売り方を固める。ライブやアニソンフェスへの参加などでステージ経験を重ねていく。

一般の歌手と違って、声優独特の変幻自在な活動がある。たとえば、南條愛乃は fripSide

（八木沼悟志が立ち上げた音楽ユニットで、シンセビートのＥＤＭ〔エレクトロニック・ダンス・ミュージック〕が特徴。アニソンやゲーソンの神曲を多数生み出している）の二代目ボーカルとして二〇〇九年から参加している。そのほかにも『ラブライブ！』の作中グループμ'sのメンバーとして活躍し、南條愛乃名義でソロ活動もしている。南條愛乃が決してレアな例ではなく、声優同士で音楽ユニットやバンドを結成する一方で、ソロ活動やキャラソンなどの活動をする者もいる。

変幻自在に活動する声優やアニソンシンガーたちがその能力を発揮するのがアニソンフェスだ。特に「ANIMAX MUSIX」（アニメ専門チャンネルのアニマックスが主催するアニソンフェス）は、誰にどんなアニソンをカバーで歌ってほしいか、誰と誰のコラボを見たいかなどをファンに事前投票してもらう企画をおこなっている。せっかく豪華なラインナップで声優やアニソンシンガーが集まるのだから、持ち歌だけを歌ってステージを去っていくなんてもったいない。ファンが見たいものや聴きたいものを惜しみなく提供しようというわけだ。出演者たちがファンのリクエストに応えると、観客の歓声はより一層大きくなる。それはアニソンのフェスだからこそできることだ。

アニソンは、かつてアニメのおまけという位置にあった。それが、いまやメーカーが競うようにアニソン専門レーベルを立ち上げて売り出す時代になった。アニヲタも耳が肥えてきて、アニメは面白いのに主題歌がいまいちとか、逆に主題歌のクオリティーにアニメが追い付いていないといったＳＮＳの書き込みもしばしば目にする。おまけではなく、アニソンがアニメを超える存在になる場合もあるのだ。違法ではあるが、アニソン神曲メドレーを作成して動画共有サイトにアップしている個人ユーザーも多い。アニソン専門アーティストの人気も高いし、アニソンフェスの動員も好調だ。

メーカーがアニソンに力を入れるようになったのには理由がある。一九九八年をピークにCDの売り上げが減少しているからだ。その一方、音楽配信は、二〇〇九年まで順調に成長していた。音楽はダウンロードして聴く時代になり、やがてCDの売り上げを逆転すると言われた。ところが配信の成長がぴたりと止まり、一〇年から一三年まで売り上げベースで下降していった。その後はゆるやかに伸びているが、音楽メディア全体のなかで配信が占める割合は一八パーセント程度だ（日本レコード協会が公表している二〇一六年のデータ）。CDやライブ映像などの音楽パッケージの売り上げが減少するのを配信だけの力でカバーするにはほど遠い。

音楽が売れない状況を打開するために注目されたのがアニソンだった。まったく無名の新人を一から育てる場合、広く認知してもらうための宣伝費やタイアップ曲を獲得する困難さがある。しかしアニソンは最初からアニメのタイアップがついている。アニメ制作のプロモーションに主題歌も乗っかり一緒に宣伝すればいい。そのアニメに出ている声優が歌うなら、すでに視聴者は認知しているので、歌い手を知ってもらうための費用と時間を節約できる。アニメを見続けていくうちに、その声優や主題歌を好きになっていくこともある。アニラジで曲をかけたり本人が楽曲について話をする機会があれば、楽曲購入のアクションにつながる。アニメイトや大手CDショップのアニソンコーナーでスペースを確保できるし、インストアでリリイベができる可能性もある。リリイベに参加したファンが感想をSNSにアップしてくれると、宣伝効果につながる。ボイトレや歌のレッスンはすでに養成所時代や専門学校時代にしているので、メーカー側としては一から育成する必要はない。それどころか、難易度が高い歌でも見事に歌いこなせる実力をもっている声優も多いので、歌唱力と楽曲のクオリティーで強気に勝負を仕掛けることも可能だ。

無名の新人アーティストの場合、ショップはよほど話題性があるとか強力なタイアップがつく場合でなければ、積極的にCDを売らない。メーカーも音楽不況のせいで、新人アーティストの育成や売り込みにお金をかける余裕がない。

年間約三百タイトルのアニメが放送されているので、OPとEDの楽曲だけでも六百曲になる。そこに挿入歌が加わるのだから、タイアップ枠は大きい。いまは声優だけでなくアニソン歌手の人気が国内外でとても高い。アニメ放送が終わっても、楽曲がどこかで流れるたびにメーカーに使用料が入ってくる。ここまで好条件がそろっているのだから、メーカーがアニソンに飛び付かないわけがない。CDの売り上げが下がり続け、若者の音楽離れが進むなか、アニソンはまちがいなく救世主的な存在だと言える。

アニソンが好きな人は特定の声優やアニソン歌手を推している場合もあるが、推し以外のアニソンはまったく聴かないかというとそうではない。たまたまそのアニメが好きだったり楽曲が格好いいという理由だけで、十分購買につながる。アニソンというジャンルをまるごと愛してやまないのがアニヲタなのだ。

アニソンレーベルがメディアを駆ける

音楽業界で真っ先にアニソンレーベルを立ち上げて軌道に乗せたのはキングレコードだ。一九八一年にレーベル・スターチャイルドを設立し、『ガンダム』シリーズや『新世紀エヴァンゲリオン』の主題歌をヒットさせ、林原めぐみ、angela、喜多村英梨、小松未可子、堀江由衣といった声優やアニソンアーティストを多く擁した。アニソンと言えば、キングレコードのスターチャイルドという代名詞にもなっていたと思う。

スターチャイルドが発展して派生レーベルのEVIL LINE RECORDSが誕生した。イヤホンズ、ももいろクローバーZらが所属している。そして、キングレコード第三クリエイティブ本部には、水樹奈々、宮野真守、田村ゆかりらスーパースター声優が在籍した（現在、スターチャイルドと第三クリエイティブ本部は統合してキング・アミューズメント・クリエイティブ本部になっている）。

キングレコードは、アニラジやアニメ製作委員会にも積極的に参加している。声優ユニットを結成して楽曲をリリースしたり、アニソンフェス「KING SUPER LIVE」を開催するなど、アニメ、声優、音楽の融合でビジネス的にも成功してきた。特に、製作委員会に加われば「そのアニメの主題歌はキングレコード所属のアーティストに歌わせますよ」と言っても誰からも文句は出ない。

ビクターエンタテインメント傘下でアニメ関連事業を専門におこなっているのがフライングドッグだ。深夜アニメを見ていると、フライングドッグのCMがよく流れる。坂本真綾、May'n、中島愛、西沢幸奏、ナノといったヒット常連の声優やアーティストが所属している。フライングドッグもまたアニメの製作委員会に参加しているので、自社が関わるアニメの主題歌を自社で担当することが多い。またフライングドッグと言えば「マクロス」関連の作品が有名だろう。ロボットアニメにもかかわらず、主要女性キャラによる歌が作中で大量に流れる。それどころか実際にコンサートまでおこない、その映像パッケージの販売もフライングドッグが手がける。さらに、多くのアニメやゲームの音楽を担当しているヒットメーカー菅野よう子がフライングドッグ所属というのも強みだ。アニメと音楽をいろんな角度からアプローチできるビジネススタイルで成功している。

バンダイナムコグループのランティスもアニヲタになじみのある企業だ。アニメ、声優、ゲームに特化したメーカーで、一九九九年に設立された。翌年、水木一郎によって結成されたJAM Projectをはじめ、茅原実里、OLDCODEX、GRANRODEO、ZAQ、TRUEらが所属する。JAM Projectは世界的に有名なアニソングループで、アニソンだけでなくノンタイアップのアルバムをリリースするなど、アニメと切り離しても楽曲がもつ力だけで十分ファンの心をつかむ。さらにアニソン界の神様的な存在、畑亜貴が所属していることは無視できない。畑亜貴が作詞・作曲したアニソンやゲーソンをすべて集めると千六百曲にもなると言われている。『ラブライブ！』関連の全楽曲（百曲以上）を畑亜貴一人で作詞していることだけを見ても、もはや尋常ではない創作パワーだ。もちろん『ラブライブ！』作中グループのμ'sもランティス所属だ。フライングドッグに菅野よう子がいるなら、ランティスには畑亜貴がいるといったように、アニソン界には類いまれな才能の持ち主が存在する。

ランティスは「ランティス祭り」というアニソンフェスを二〇〇九年から始めている（不定期）。主にランティス所属のアーティストによるライブイベントで、一五年にはラスベガスや香港、ソウルなどでも開催し、一部の公演はライブビューイングで日本のファンをも熱くした。多数の声優やアーティストが所属するランティスならではの大規模フェスだ。

ランティスにはもうひとつ強みがある。Kiramune（キラミューン）というレーベルがあり、神谷浩史、入野自由、浪川大輔らトップクラスの男性声優が十人ほど所属している。二〇〇九年からライブフェス「Kiramune Music Festival」をほぼ毎年開催している。チケット代が約一万円（しかも転売できないように本人確認が必要な入場システム）と高額だが、横浜アリーナやさいたまスーパーアリーナを満員にするほどの人気だ。なにしろ「Kiramune Star Club」というファンクラブがあるほどで、会員限定のトークとライブイベント『Kiramune Fan Meeting』をおこなっている。そのほかラジオ番組とテレビ番組ももっているので、声優の活動の可能性を最大限に引き出すためのレーベルと言える。

エイベックス・グループには、アニメのコンテンツ事業を手がけるエイベックス・ピクチャーズがある。製作委員会への参加や音楽の提供はもちろん、映像メディアの販売までをおこなう。音楽色が強いアニメやビッグタイトルを押さえているのが特徴だ。『ONE PIECE』の場合、主題歌集、キャラソン・アルバム、サウンドトラック、映像パッケージなどがエイベックスのレーベルから販売されている（エイベックス・ピクチャーズが設立された二〇一四年以前のものもエイベックス・グループからリリースされている）。一クールや二クールで終わってしまうアニメよりも、二十年近く続いているアニメのほうがビジネスメリットは大きい。『ONE PIECE』のOPは〇七年以降、EDは〇一年以降すべてエイベックス所属のアーティストが歌っている。

また、『プリティーリズム』（タツノコプロ、二〇一一―一四年）と『プリパラ』（タツノコプロ、DONGWOO A&E、二〇一四―一七年）各シリーズの音楽と映像もエイベックスが手がけている。話数はトータルで三百話以上にもなり、シリーズは二〇一七年現在まだ続いている。アイドル、ダンス、歌がテーマになっていて、スピンオフ作品や劇場版なども含めると、膨大な量の楽曲や映像になる。こういうシリーズや『ONE PIECE』のような長寿作品には必ず固定ファンがいる。長く続いていることでファンの世代交代が起こったとしてもファンの傾向は変わらないので、メーカーは低リスクで音楽や映像の展開ができる。

ソニー・ミュージックエンタテインメント（以下、SMEと略記）は、エイベックスと並ぶ巨大メーカーだ。所属アーティストも多ければレーベルも多い。二〇一四年にレーベルを少し再編成したが、それでも多い。一七年にはアニソン専門レーベル SACRA MUSIC を設立した。LiSA、綾野ましろ、Kalafina、ClariS、花澤香菜といったチャート上位を常に狙える面々が所属している。ただし、SACRA MUSICに全アニソンシンガーや声優たちが集められたかというとそうではない。SME内のほかのレーベルにも散っているのが現状だ。SME傘下でアニメや映像事業をしているアニプレックスにもアニソン関連の声優や歌手が所属している。

SMEは「ノイタミナ」（フジテレビ系列の深夜アニメ枠）と、「日5」（TBS系列の日曜日夕方五時のアニメ枠で、それ以前は「土6」でアニメや特撮ものを放送していた）、それに『BLEACH』（studioぴえろ、二〇〇四―一二年）、『NARUTO―ナルト―』『銀魂』の楽曲を押さえていることが大きい。これらの主題歌をほとんどSME所属のアーティストで占める。声優やアニソンシンガーだけでなく、あまりアニメ関連の歌をリリースしないアーティストをあえて積極的に起用した。その意外性があるタイアップ戦略で、ビジネス的にも成功している。

たとえば、UVERworldのデビュー曲がいきなり『BLEACH』のOPになり、三週連続でチャート十位圏内に入った。その後、アニソン以外にもゲームやドラマ、CM、バラエティー番組などのタイアップ曲をリリースして幅広いファンを獲得していった。気がつけば、UVERworldは硬派なロックバンドとして不動の人気を築き上げた。同じく硬派のイメージが強いバンドNICO Touches the Wallsや、ビジュアル系バンドのシドは、日5の『鋼の錬金術師 FULLMETAL ALCHEMIST』（ボンズ、二〇〇九―一〇年）を担当。元JUDY AND MARYのYUKIと叙情ギターポップのスネオヘアーはノイタミナの『ハチミツとクローバー』(J.C.STAFF、二〇〇五年に一期、〇六年に二期)。サブカル文学少女系のさユりは同じくノイタミナの『僕だけがいない街』(A-1 Pictures、二〇一六年)といったふうに、起用アーティストの振り幅がとにかく大きい。そこにSME所属のアイドル、乃木坂46までもが参戦してくる。日5の『マギ』(A-1 Pictures、二〇一二年から一三年までの一期)と『NARUTO—ナルト— 疾風伝』(studio ぴえろ、二〇一三年から一四年までの十四期)の主題歌を乃木坂46が歌っている。

このように音楽性もファン層もバラバラなのだが、むしろそこがSMEの狙いと言える。アニヲタにとってあまり接点がなかったアーティストの楽曲を毎週聴くことで、次第にファンになっていく可能性がある。一方アーティスト本来のファンは、アニメをあまり見る習慣がなかったとしても、これを機にSMEが関わるアニメを見るようになるという考えだ。

ほかにも、SMEはユニークな仕掛けをしている。音楽大学が舞台の『のだめカンタービレ』(J.C.STAFF、二〇〇七年から一〇年にかけて三期まで放送)は、アニメに加えて実写でドラマと映画にもなった人気作だ。作中にオーケストラが登場するのだが、実際に「のだめオーケストラ」を結成して、アニメ、ドラマ、映画のなかで演奏した。さらにCDリリースとクラシックコンサートまでおこなった。SMEのレーベル内に設けた「のだめオーケストラ事務局」が演奏メンバーを集め、レコーディングや公演などを仕切った。二次元を超えたSMEの取り組みにファンは正直驚いた。いくらアニメで話題だからといって、普段クラシック音楽を聴かない人たちにどれだけアピールしてもリターンがないかもしれない。

しかしSMEの狙いは大当たりした。映画内で使用されたクラシック音源を集めたサントラ『のだめカンタービレ 最終楽章 前編&後編』（SMEのレーベル「エピックレコード」、二〇〇九年）は、第二十四回日本ゴールドディスク大賞「サウンドトラック・アルバム・オブ・ザ・イヤー」を受賞した。アニメ、ドラマ、映画の全楽曲を網羅したクラシック集『のだめカンタービレ コンプリート BEST 100』（エピックレコード、二〇一〇年）は、CD四枚組みにもかかわらず、デイリーチャート七位を記録した。『のだめカンタービレ』は、フジテレビ月曜九時、いわゆる「月9」でドラマ化したあと、アニメを三期まで放送している。しかも、二期と三期の放送直後にそれぞれ映画をぶつけてくるという絶妙なタイミングに感心する。各媒体で扱った曲をひとつのパッケージにしてリリースする発想は大胆で明快だ。

しかし、この試みはSMEにとって冒険でも賭けでもなかった。アニプレックスから『BLEACH』『NARUTO―ナルト―』『銀魂』のサントラ集や主題歌集が多数リリースされている。その成功ノウハウがあり、制作から販売までのプランを練り上げてクラシック音楽に着手したと思う。SMEのメディア戦略のうまいところは、このように長寿アニメを押さえて音楽ビジネスにつなげている点だ。『BLEACH』は全三百六十六話、『NARUTO―ナルト―』はシリーズ合計で七百二十話（二〇一七年四月から続篇にあたる『BORUTO―ボルト――NARUTO NEXT GENERATIONS――』の放送が始まり、やはりSME所属のアーティストが楽曲を担当している）、『銀魂』は一七年現在も継続中で、通算三百話以上になる。その間約十二話もしくは二十四話ほどで主題歌が変わる。長寿であればあるほど、楽曲は次々に生まれアーカイブされていく。

ＳＭＥは、二〇〇八年から『SCHOOL OF LOCK!』（TOKYO FM）や、ａｕと共同で十代限定ロックコンテスト「閃光ライオット」を主催している（二〇一五年以降は「未確認フェスティバル」に名称を変え、主催からＳＭＥの名は消えた）。

「閃光ライオット」からデビューするアーティストの楽曲をアニメタイアップにする戦略をＳＭＥはよくとっている。ノイタミナで放送された『あの日見た花の名前を僕達はまだ知らない。』のＯＰ曲を歌ったGalileo Galileiは「閃光ライオット」の第一回グランプリ受賞者だ。同じく第一回で審査員特別賞だったねごとは、日５の『機動戦士ガンダムＡＧＥ』（サンライズ、二〇一一―一二年）やノイタミナで放送された『ガリレイドンナ』（A-1 Pictures、二〇一三年）のＯＰ曲を歌っている。二〇一〇年の「閃光ライオット」で準グランプリだったBURNOUT SYNDROMESは、『ハイキュー!!』（Production I.G、二〇一四―一六年）の二期と三期のＯＰを担当した（一期は日５での放送だったが、二期以降は深夜アニメ枠に移動。二期は二〇一五―一六年）。

ＳＭＥは純粋にアニソン専門バンドを育てたいわけではなく、プロモーションの一手段として、できるだけ多くの人に歌を届けるチャンスと捉えていると思う。タイアップのルートが確立しているのは、メーカーにとってもアーティストにとっても強みだ。そしてアニソンシンガーの打ち出し方もやはりうまい。

たとえばLiSAの場合、ＳＭＥ傘下のアニプレックスがプロジェクトに加わった『Angel Beats!』（P.A.WORKS、二〇一〇年）にボーカリストとして出演したことで注目を浴びた。作中に登場するガールズバンドGirls Dead Monsterは、放送中から視聴者の人気が高かった。このバンドの二代目ボーカルの歌手パートをLiSAが担当したのだ（キャラがしゃべるときは声優の喜多村英梨が担当）。Girls Dead Monsterの全国ツアーが現実におこなわれ、それは実質LiSAの全国ツアーとなった。そしてLiSA名義で本格デビューしたのは、アニプレックスが製作委員会に参加した『Fate/Zero』のOP曲「oath sign」（アニプレックス、二〇一一年）だ。このデビュー曲でLiSAは大ブレイクした。その後出せばヒットする勢いで、アニプレックスが参加するアニメのタイアップ曲を次々とリリースしていった。しかも非タイアップ曲をリリースしてもチャート上位をキープし続けた。一年間何ひとつタイアップ曲がなくても人気は衰えず、横浜アリーナを満員にし、海外公演も成功させるまでになった。アニソン歌手がアニメの力を借りて売れているだけではないことを証明したと言える。

CD「oath sign」LiSA（アニプレックス、2011年）

CD「MEMORIA」藍井エイル（SME Records、2011年）

ちなみにLiSAがOP曲を歌った『Fate/Zero』のED曲は、藍井エイルのデビュー曲「MEMORIA」（SME Records、二〇一一年）だった。藍井エイルも、LiSAと同様にコンスタントにアニソンをヒットさせていった。藍井エイルの伸びやかで透明感があるハイトーンボーカルは、ダイナミックでインパクトがある。その歌唱力は思わずうなるほどだ。「アニソン歌手なんてどうせ実力ないんでしょ」と偏見をもっている人たちに、とにかく藍井エイルを聴いてから実力を判断してくれと言って回りたいぐらいだ。

普段はアニソンを聴かない人たちが、LiSAと藍井エイルの実力にふれる機会が二〇一五年五月八日に訪れた。『ミュージックステーション』（テレビ朝日。Sony Musicは番組スポンサー）での競演が実現したのだ。アニソン歌手二人が登場するのは同番組史上初めてのことだった。放送後、SNSに感想が大量投下された。歌唱力だけでなく、楽曲のよさについても絶賛する書き込みが多かった。「美しすぎる」「可愛い」などの形容までついたことで、LiSAと藍井エイルが歌った部分だけ切り取って動画共有サイトにアップされると、さらに話題になった。アニソンやアニソン歌手に対する一般の認識が変わった出来事だった。

アニソンの革命的変遷

アニソンと言えば、かつては水木一郎がパワフルに熱唱する『マジンガーZ』（東映動画、

CD「ムーンライト伝説」DALI（日本コロムビア、1992年）

一九七二―七三年）の主題歌や、ささきいさおが重厚に歌い上げる『宇宙戦艦ヤマト』（オフィス・アカデミー、一九七四―七五年）の主題歌が典型だった。武器（ワザ）の連呼やストーリー説明、最後はアニメタイトルで締めるというパターンだ。

女の子向けアニメでは、『アルプスの少女ハイジ』（一九七四年）の澄み渡るヨーデルをフィーチャーした「おしえて」（歌：伊集加代子、日本コロムビア、一九七四年）や、『アタック No.1』（フジテレビ、東京ムービー、一九六九―七一年）の叙情的で強弱をつけた主題歌のように、アニメの世界観を強烈に表現したものが多かった。余談だが、『アルプスの少女ハイジ』を歌った伊集加代子は、『アタック No.1』のED曲も歌っている。また、『ルパン三世』第二シリーズ（東京ムービー、一九七七―八〇年）のテーマ曲に入るあの有名なフレーズ「Lupin the Third」も伊集加代子だ。そのころのアニソンと現在のアニソンは大きく違う。では、いつごろからアニソンは変化したのだろう。

一九九二年から始まった『美少女戦士セーラームーン』のOP曲「ムーンライト伝説」（日本コロムビア、一九九二年）がアニソン新時代の予兆だったと思う。第四シリーズの『美少女戦士セーラームーン SuperS』（東映動画、一九九五―九六年）まで、実に百六十六話ずっとOPを名曲「ムーンライト伝説」が飾った。普通、シリーズがひとつ終わって新しく次のシリーズが始まると主題歌も変わるものだ。ところが第三シリーズの『美少女戦士セーラームーンS』（東映動画、一九九四―九五年）からは、桜っ子クラブさくら組の歌唱でレコーディングし直した「ムーンライト伝説」を使っている。わざわざ別ボーカルでレコーディングするのならまったくの新曲にすればいいのにと思うが、あくまでも「ムーンライト伝説」だった。おかげで、『セーラームーン』と言えば反射的に「ムーンライト伝説」をみんなが口ずさむほど強烈にイメージ付けがされた。

「ムーンライト伝説」リリースの前年一九九一年に、声優として初めてキングレコードと専属契約した林原めぐみがスターチャイルドレーベルから初シングル「虹色の Sneaker」をリリースしている。この曲はアニソンではなく、林原のラジオ番組『林原めぐみの Heartful Station』（ラジオ日本、ラジオ関西、一九九一―二〇一五年）のテーマ曲である。以降のシングルから矢継ぎ早にアニメタイアップがつき、九六年リリースの「Give a reason」（『スレイヤーズNEXT』〔イージー・フィルム、一九九六年〕OP曲。主人公の声を林原が担当した）では、声優のソロシングルとして初のチャート十位内にランクインした。

林原めぐみは歌手志望ではなかった。キングレコードのプロデューサー大月俊倫（現在は専務取締役）が熱心に説得したことで歌手活動が実現した。林原自身は声優が本業という考えを変えず、ノドに負担をかける大規模なコンサートはせずにラジオの公開録音でミニライブをする程度だ（二〇一七年に一度だけ大きなライブをおこなっている）。大月が林原の才能を見いだしたとはいえ、歌手活動を望んでいない声優と専属契約をしてアニソンを次々とヒットさせたのは、当時の音楽業界の流れからは考えられないことだった。

一九九〇年代初頭から半ばにかけてJ－POPアーティストによるドラマやCMなどのタイアップ曲がチャート上位を独占した。小田和正、B'z、米米CLUB、浜田省吾、中島みゆき、CHAGE & ASKA、松任谷由実、Mr.Children、DREAMS COME TRUEなど、あげればきりがない。百万枚や二百万枚売れて当然という時代でもあった。メーカーは、次のドラマとJ－POPアーティスト（しかも大御所クラス）のことばかり考えていたはずだ。アニソンは完全に場外にあって見向きもされないジャンルだった。

一九九四年にゲームをアニメ映画化した『ストリートファイターII MOVIE』の挿入歌「恋しさと せつなさと 心強さと」（EPIC/SONY RECORDS）が篠原涼子 with t.komuro名義でリリースになっている。この歌がオリコン史上初のアニソンチャート一位となった。しかし社会ではアニソンという認識は薄く、篠原涼子の新曲が二百万枚を売り上げて一位になったという感覚だったと思う。

J－POPとアニメの組み合わせを最初に成功させたメーカーはビーインググループだ。スポーツアニメの金字塔『SLAM DUNK』（東映動画、一九九三―九六年）の主題歌を大黒摩季、WANDS、ZARD、BAAD、ZYYG、MANISHといったビーイング所属のアーティストたちが歌った。MANISHは、元DALIのメンバーで、「ムーンライト伝説」がDALIのデビュー曲だった。ビーイング系アーティストのカラーはキャッチーでさわやかなメロディー、それにポップさとギターロックの要素がバランスよく入っていることだ。タイアップ向きで大衆

CD「残酷な天使のテーゼ」高橋洋子（スターチャイルド、1995年）

受けもいいので、一九九〇年代にムーブメントが起こった。

そして一九九六年から放送している『名探偵コナン』(V1Studio)の主題歌もビーイング系アーティストが歴代担当している（同レーベルになったのは一九九七年四月からで、二〇一七年現在も継続中）。OPとED、それに劇場版も含めると百曲以上になる。長寿番組の利点を生かして主題歌集をコンスタントにリリースしている。二〇〇〇年リリースの第一弾は、百万枚以上を売り上げ、アニソン主題歌集としては歴代一位のセールスを記録した。

そんな潮流のなか、『新世紀エヴァンゲリオン』が放送され、主要キャラを演じる緒方恵美、林原めぐみ、宮村優子ら声優陣が一気に脚光を浴びた。高橋洋子が歌うOP曲「残酷な天使のテーゼ」（スターチャイルド、一九九五年）は、長期間にわたり愛聴されて、十五年後の二〇一一年にJASRAC賞（著作権使用料の分配金額の多さで賞を決める）で一位になっている。この曲のプロデューサーがキングレコードの大月俊倫で、あえて難解で哲学的なリリックにしてほしいと作詞家にオーダーしている。昭和のパワフルなアニソンでもなく、爽快なJ-POPでもなく、まったく新しい革命的なアニソンが誕生したのだ。

一九九五年には『名探偵コナン』の江戸川コナンを演じた声優の高山みなみが、TWO-MIXというユニットを組んで『新機動戦記ガンダムW』（サンライズ、一九九五―九六年）のOP曲をリリースし、二十六万枚を売り上げた。高山みなみは『新機動戦記ガンダムW』に声優として参加していないので、アニソン歌手として歌ったことになる。現在ではアニメに声優としてキャスティングされていなくても、声優が主題歌を歌うことがある。だが、当時の高山のケースは異例だった。

音楽活動に力を入れていた椎名へきるが、一九九七年に声優として初めて日本武道館でコンサートをおこない、同年『ミュージックステーション』に出演した初めての声優となった。アニメ、ゲーム、吹き替えなどの仕事はしていたが、音楽活動のほうが圧倒的に多かったので、社会の認識はJ－POPアーティスト椎名へきるだったように思う。

二〇〇四年には主題歌集『鋼の錬金術師 COMPLETE BEST』（アニプレックス）がチャート一位を獲得。アニメの主題歌集が一位になるのはオリコン初のことだった。このアルバムに

CD『鋼の錬金術師 COMPLETE BEST』（アニプレックス、2004年）

CD『放課後ティータイム』放課後ティータイム（ポニーキャニオン、2009年）

収録されているのは、ポルノグラフィティ、L'Arc-en-Ciel、ASIAN KUNG-FU GENERATIONといったJ－POPアーティストだ。彼らのファンとアニヲタの両者が買った結果のビッグセールスだった。

アニソンの発展と並行してキャラソンも盛り上がりを見せる。ラノベが原作の非日常系学園アニメ『涼宮ハルヒの憂鬱』（京都アニメーション、二〇〇六年に一期、〇九年に二期）のキャラソンがチャート上位にランクインした。面白い現象として、『涼宮ハルヒの憂鬱』のファンがキャラソンを歌い踊る姿や楽器を演奏する姿が「YouTube」に大量アップロードされた。やがて国外に飛び火して、海外のファンも動画を多数アップした。この現象はよほど珍しかったのか、ニュースでも取り上げられた。

もうひとつの例が、高校の軽音部をテーマにした『けいおん！』（京都アニメーション、二〇〇九年に一期、一〇年に二期）だ。主要キャラの声を担当する声優らが、現実に音楽活動をして、横浜アリーナに一万三千人、さいたまスーパーアリーナに三万人を集めるライブイベントをおこなった。その模様を収めた映像作品やCDも制作され、横浜アリーナ公演はテレビ放送もされた。また、二〇〇九年リリースのミニアルバム『放課後ティータイム』（ポニーキャニオン）は、キャラソンのアルバムとしてオリコン史上初の週間チャート一位になっている。アニメのなかのキャラたちが現実世界で積極的に活動する道筋を作ったと言える。

そしていよいよアニメ関連楽曲が一般に受け入れられる日がやってくる。

アニソンに光を当てたNHKの功績

二〇〇九年、水樹奈々のアルバム『ULTIMATE DIAMOND』(キングレコード)が発売初週に二万七千枚を売り、声優初のアルバムチャート一位になった。水樹は、声優デビューから間もなく音楽活動を始めてその規模を加速度的に拡大していった。声優の仕事もコンスタントにこなしているが、シンガーとしての活躍があまりにも華々しすぎて、いまでは歌手のイメージが強い。その要因は歌唱力の高さからくるライブの成功にある。〇七年に声優の単独公演としては初めて横浜アリーナのステージに立った。〇九年の西武ドーム、一一年の東京ドーム、一四年には横浜スタジアムなど、初記録を樹立していった。

また、NHKが早くから水樹奈々に注目して、音楽番組『MUSIC JAPAN』(二〇〇七―一六年)に年四回ほどのペースでゲストとして招いている。二〇〇九年からは番組のナレーションを水樹が担当するようになった。民放各局がアニソンにほとんど目を向けていなかったころ、NHKは『MUSIC JAPAN』の特別番組として『MUSIC JAPAN 新世紀アニソンSP』(以下、『新世紀アニソン』と略記)をシリーズで放送した(二〇〇九年から一一年まで全四回。水樹奈々とMay'nは四回すべてに参加)。アニソンの素晴らしさをきちんと紹介することを目的に企画され、アニソンフェスの形式でライブをおこない、解説を交えながらステージの模様を放送した。その解説のナレーションは、浪川大輔、諏訪部順一、杉田智和、小野大輔といっ

CD『ULTIMATE DIAMOND』水樹奈々（キングレコード、2009年）

た人気声優が務めた。

二〇一〇年、第四回開催の『新世紀アニソン』で、とても興味深い出来事があった。ALI PROJECTが「聖少女領域」（二〇〇五年から翌年にかけてノーマッドが制作した『ローゼンメイデン』第二期のOP曲）を歌い終えると、次のようなMCを入れた。「アニソンにもし定義があるとしたらアニメに合った内容で、聴く人に元気やパワーを与えるものだと思うが、自分は聴く人に元気を与えようとは考えていないし、みんなで一緒に楽しくハッピーにという曲はひとつもない」と自分たちの音楽について語った。会場は静まり返るかと思いきや、観客は大喜びで声援を送った。ALI PROJECTと言えば、変調子や複雑なコード進行に加え、ゴシックかつシンフォニックなサウンドが特徴だ。アクセントの位置もコロコロ変わるので、観客はアニソンのライブでお決まりのサイリュームを振りにくい（ボーカルの宝野アリカもMCでそれをネタにしてファンの笑いを誘っている）。

開催二回目の『新世紀アニソン』に登場した妖精帝國もコアなバンドで、不協和音と美しいシンフォニーを融合させたゴシックサウンドが特徴だ。早口で歌うリリックは、いわゆる「みんなでハッピー」とは逆方向の内容になっている。MCでは、「『MUSIC JAPAN』に出演したことに（ファンは）驚いていると思うがいちばん驚いているのは我々だ」と語り、ノンタイアップの『Patriot Anthem』と『喰霊―零―』（アスリード、AICスピリッツ、二〇〇八年）の挿入歌「霊喰い」（ランティスから二〇〇八年にリリースされたイメージソング集『百合ームコロッケ』に収録）を披露した。

ALI PROJECTも妖精帝國も水樹奈々とは正反対のアニソンだが、そもそもアニソンに定義などなく、アニソンはこうあるべきという決まり事はないのだ。だからこそアニソンの可能性は無限に広がっている。元気でハッピーもありだし、ダークな世界もウェルカムだ。声優が歌おうが、J－POPアーティストが歌おうが、それこそ演歌歌手が歌ってもいいのだ（二〇一五年放送の『ルパン三世』テレビ第四シリーズのED曲「ちゃんと言わなきゃ愛さない」は石川さゆりが歌っている）。アニメのタイアップということ以外に何の約束事もないからこそ面白いのだ。ファンはそれを十分承知して楽しんでいるし、アニソンを愛している。

NHKのアクションと水樹奈々の活躍がなければ、社会一般にアニソンが認知される日はもっと先だったと思う。アニソンシンガー水樹奈々は、あまりにも象徴的な存在として社会に浸透していった。最も効果的だったのは『NHK紅白歌合戦』に二〇〇九年から一四年まで計六回出場したことだろう。ほかにも水樹奈々に密着したドキュメント番組をNHKはいくつも制作している。

NHKは『新世紀アニソン』の前に『ネオ・ビジュアル系の宴』と題した特別番組を二〇〇七年から三回にわたって放送している。ビジュアル系と言えば、バンドもファンも独特で近寄りがたい過激なイメージがまだあったころだ。それがオシャレで美しく親しみやすい音楽に発展して、ネオ・ビジュアル系と呼ばれるバンドが頭角を現してきた。その現実と古いイメージとのギャップを埋めるべく、NHKがネオ・ビジュアル系バンドによるライブフェスをおこない放送したのだ。アニソンと同じく民放の音楽番組が注目する前に先取りした番組となった。

しばらくして、シドやナイトメアが一般の音楽ファンにも受け入れられるようになり、バンギャ（ビジュアル系バンドの熱狂的な女性ファン）でなくても普通にカラオケで歌うほどポピュラーになった。『ネオ・ビジュアル系の宴』のあとに『新世紀アニソン』を企画したＮＨＫには一貫した狙いがある。若者層の視聴者を増やすことと、その若者が知っているようで知らないものを取り上げてリアルを伝えることだ。いま流行しているものを見せるよりは、何倍も興味を引く手法だ。そして、これは計算かどうか不明だが、ビジュアル系とアニソンは相性がいい。

たとえばシドを例にあげると、『黒執事』（A-1 Pictures）の第一期（二〇〇八—〇九年）と第三期（二〇一四年）のＯＰ曲、『鋼の錬金術師 FULLMETAL ALCHEMIST』のＯＰ曲とＥＤ曲、『BLEACH』のＯＰ曲、『マギ』の第一期（二〇一二—一三年）と第二期（二〇一三—一四年）のＯＰ曲などを歌っている。バンギャにはアニヲタ（もしくはアニメやマンガ、ゲームなどを抵抗なく受け入れることができる人たち）も多い。そこまで計算してＮＨＫが仕掛けていたとしたら面白い。

アニソンがメジャーなジャンルになったあともＮＨＫは継続して『アニメソング史上最大の祭典〜アニメロサマーライブ〜』（二〇一三年以降毎年）、『アニソン奇跡の夜〜 KING SUPER LIVE 2015〜』（二〇一五年）などの特別番組を放送している。二〇一七年には、「べスト・アニメ100」「ベスト・アニソン100」を視聴者投票で決める企画を立ち上げ、『カウントダウンLIVE アニソン ベスト100!』と題した番組で百曲をライブ形式で発表した。

ＮＨＫはアニソンだけでなくアニメそのものにも目を向けていて、二〇一六年から『ラブライブ!』『進撃の巨人』『けいおん!』などを民放から買い取って放送している。また新海誠監督の作品『秒速5センチメートル』（コミックス・ウェーブ、二〇〇七年）、『ほしのこえ』（コミックス・ウェーブ、二〇〇二年）、『言の葉の庭』（新海クリエイティブ、コミックス・ウェーブ・フィルム、二〇一三年）を一六年三月に放送している。『君の名は。』（コミックス・ウェーブ・フィルム）が八月の公開なので、放送を決定した時点ではアニメ映画史に残る記録的大ヒットになるとはまだ予想していなかったはずだ。

新作の放送にも積極的で、『3月のライオン』や、クラシック音楽の偉人が多数登場するオリジナルアニメ『クラシカロイド』（サンライズ、二〇一六―一七年）が好評だ。『クラシカロイド』は『銀魂』『おそ松さん』の藤田陽一が監督を務め、布袋寅泰、つんく♂、浅倉大介らが楽曲アレンジをしている。

ＮＨＫの榎本幸一郎（編成局・編成センター副部長）は、「アニメイトタイムズ」（アニメイトの情報配信サイト）のインタビューで、「アニメはもはや、アニメファンたちだけのものじゃないというか、言うなれば日本人が共有している文化のような感覚に近い」と言っている（二〇一六年三月十一日配信）。ＮＨＫが単に話題づくりでアニメコンテンツに目を向けたわけではない。こんな素晴らしいものを共有しないでどうするという気持ちがよく伝わってくる。まるで日本人のＤＮＡに組み込まれたナチュラルな文化がアニメだと言わんばかりだ。ＮＨＫは公式に認めていないが『ＮＨＫ紅白歌合戦』にはアニソン枠があると言われている。二〇一二年は、水樹奈々が劇場版アニメ『魔法少女リリカルなのは The MOVIE 2nd A's』（セブン・アークス、二〇一二年）の主題歌「BRIGHT STREAM」（キングレコード、二〇一二年）を歌った。

翌年は『進撃の巨人』第一期ＯＰ曲「紅蓮の弓矢」（ポニーキャニオン、二〇一三年）をLinked Horizonが六十四人の合唱団、ストリングス隊、ホーン隊、ダンサーら総勢約百人の楽団を率いて歌った。歌っている間ずっとホリゾントの巨大スクリーンには、『進撃の巨人』の映像が流れていた。歌詞に合わせて「ツイッター」で「イェーガー」とつぶやかれた件数は十七万ツイートを超えた。続いて水樹奈々と西川貴教（T.M.Revolutionとして）が登場し、『革命機ヴァルヴレイヴ』（サンライズ、二〇一三年）の1st シーズンと2nd シーズンの各ＯＰ曲をメドレーで歌った（もともと両者のコラボ曲）。

翌二〇一四年はまず水樹奈々が自身の主演する『クロスアンジュ 天使と竜の輪舞』（サンライズ、二〇一四―一五年）のＯＰ曲を数フレーズ歌い、そこに西川貴教が加わり前年と同じく『革命機ヴァルヴレイヴ』1st シーズンのＯＰ曲を一緒に歌った。

二〇一五年は「アニメ紅白」と題したアニソンの企画コーナーが設けられた。『美少女戦士セーラームーン』、『新世紀エヴァンゲリオン』、『ちびまる子ちゃん』（日本アニメーション、一九九〇―九二年〔一期〕）、『鉄腕アトム』（虫プロダクション、一九六三年から第一作が始まる）などの主題歌がアニメ映像とともに披露された。これらのアニメを『紅白』用に編集して新たにアフレコした映像をはさみながら、わずか数フレーズだけだがトータル七分以上も尺をとって放送されたのだ。国民的音楽番組にふさわしく誰もが知っているようなアニソンのラインナップだが、新しく編集した映像を入れることでアニメファンの気持ちも引き付けることができたと思う。この「アニメ紅白」は番組前半の最高視聴率となった（三八・二パーセント／関東地区）。

その流れで、μ'sの「それは僕たちの奇跡」（ランティス、二〇一五年）に続いていく。スクールアイドルものの大ヒットアニメ『ラブライブ！』二期（二〇一四年）のOP曲だ。司会を務めるV6の井ノ原快彦が、μ'sのことを『ラブライブ！』に登場する女の子たちが実写になって歌ったり踊ったりしてくれると紹介した。『ラブライブ！』を知らない人にμ'sを一言で説明するのは難しい。各キャラを演じる声優たちが実際にステージに立ってアニメと同じように歌って踊る現実に戸惑うかもしれない。俗に言う二・五次元の壁だ。二次元のものが三次元で歌い踊る現実を非ヲタクの視聴者が受け止めるには、アニメ映像とのシンクロしかない。『紅白』用に制作された新映像が冒頭に流れ、歌っている間ずっとアニメが映し出され、ステージと連動していた。理屈ではなく見たままがすべてだ。μ'sの歌唱力とダンススキル、そしてアニメ映像が最大の説得力をもっていたと思う。

二〇一六年にはRADWIMPSが、その年の大ヒット劇場アニメ『君の名は。』の主題歌「前前前世」（EMI Records、二〇一六年）を歌った（『紅白』では映画とは異なるバージョン）。社会現象になった映画で多くのメディアで取り上げられ、そのたびに「前前前世」が聞こえてきた。それだけに新海誠監督が『紅白』用に特別編集した『君の名は。』の映像が流れると一層盛り上がった。

『NHK紅白歌合戦』で今後も継続してアニソンが歌われるかは不明だが、もうアニソンはヲタクだけが聴く特殊なジャンルではなくなったと思う。NHKの貢献は、アニソンを正々堂々とありのままに見せてくれたことだろう。アニソンファンが海外にも多くいることからも、世界に通用する音楽だと胸を張っていいだろう。これが日本の音楽だと自慢できる。

アニソンの祭典はサプライズの連続

四大ロックフェスと呼ばれる大規模な音楽フェスがある。ロックフェスの先駆けで一九九七年からおこなわれている「FUJI ROCK FESTIVAL」、オールナイトでおこなわれる北海道の「RISING SUN ROCK FESTIVAL」、千葉県と大阪府で開催される都市型フェス「SUMMER SONIC」、二十七万人を動員する「ROCK IN JAPAN FESTIVAL」だ。ロックフェスは、初開催から動員を伸ばし続け、規模を拡大してきた。いったんピークを迎えると、ほぼ横ばいで推移するか、いまも少しずつ成長しているフェスもある。夏に野外で開催することが多かったので夏フェス、野外フェスと呼ばれていたが、いまではロックに限らずさまざまなジャンルの音楽フェスがあり、季節に関係なく野外以外でも開催されるようになった。

かつて音楽フェスのイメージは、観客が汗だくで暴れまくって初心者には危険で怖いものだった。十年ほど前まではきっとそういうイメージが強かったと思う。いまでは子どもを連れた夫婦のためにファミリーエリアを設けているフェスも増えた。ほとんどのフェスは、音楽をのんびり聴きたい人が快適に過ごせるものになっている。それにロックフェスというタイトルがついているが、アイドル、ビジュアル系、癒し系、アニソン歌手も出演するようになり、いまではジャンルレスの音楽祭になっている。

いずれにしても、青空の下で開放感あふれるロケーションで音楽を聴く典型的なフェスのイメージとアニソンは対極にあった。アニソンファンはインドア派が多く、アニソンなら何でもいいわけではなく各自こだわりが強いので、何万人も集まる大規模なアニソンの祭典なんて実現不可能だと思われていた。ところが、それは大きな間違いで、現在アニソンフェスは大盛況だ。しかも、登場するアーティストに対して分け隔てなく観客が一体となり熱い声援を送る。

アニソンフェスの元祖で世界最大級と言えば「Animelo Summer Live」（以下、「アニサマ」と略記）だ。MAGES.（ドワンゴの子会社）と文化放送が主催して二〇〇五年から毎年開催されている。約百三十人のアーティストがステージに立ち、観客は八万人以上を動員する。アニソンのカバーやアーティスト同士のコラボステージなどが見どころだ。そして何と言っても、ほかの音楽フェスと大きく違うのは、タイムテーブルが非公開という点だ。どういう順番で誰が登場するか、誰と誰がコラボをするのか観客には知らされない。もちろん何を歌うかもわからない。さらに、アーティストがステージを終えて次のアーティストが登場するまで空白の時間をつくらない。

普通の音楽フェスは、あらかじめステージのタイムテーブルが発表される。好きなアーティストだけを選んで見て、それ以外は休憩することもできる。自由にスケジュールを立ててフェスを楽しめる。だが「アニサマ」は、誰が登場するかわからないのでスケジュールを立てられない。いや、アニソンの場合、そんなスケジュールを立てる必要がないのだ。誰が出てきても盛り上がることができる。推しのアニソン歌手や声優はいるが、推し以外のアーティストが歌っているからといって急に冷めたり退屈することはない。アニメが好きでアニソンが好きで声優が好き、そんな人たちが一体となって感動を共有しているのだ。

「アニサマ」では、MCも転換の時間もほとんどとらずに矢継ぎ早にアニソンが会場に響き渡る。巨大スクリーンには「アニサマ」のために編集したアニメ映像が映し出される。まるで最初から最後までひとつの物語を全員で体験しているような気持ちになる。ベテランも新人も関係なく、予想できない順番で登場し、意外な曲をカバーしたり、メドレーがあったり、サプライズなコラボやシークレットゲストが新旧あらゆるアニソンを熱唱する。始まって一気にテンションが上がると、ピークのまま最後まで突っ走る。二十分の休憩を一度入れるとはいえ、興奮状態を維持したままみんなサイリュームを五時間振り続ける。

二〇一一年には、まだ新人だった黒崎真音が、デビュー前から憧れ続けた栗林みな実（現在はMinami）と一緒に「翼はPleasure Line」（栗林みな実が二〇〇四年にリリースした『クロノクルセイド』〔GONZO DIGIMATION、二〇〇三―〇四年〕のOP曲）を感動の涙を浮かべながら歌ったのはいまでも語り草になっている。黒崎がアニソン歌手になる夢をもったのが栗林のライブだったことから実現したコラボだった。黒崎は自身のブログで「人生で一番幸せな日」とつづり、リハーサルの段階からすでに涙ぐんでいたと明かしている。そういうドラマが生まれるのも「アニサマ」のすてきなところだ。

二〇一五年は、アイドルマスターとμ'sの夢のコラボが実現し、その模様は『めざましテレビ』で紹介された。一六年、デーモン閣下とGRANRODEOが一緒に『北斗の拳』のOP曲を歌うところからスタートするなんて誰が想像しただろう。フェスの模様は、「ニコニコ動画」やBS（NHKやフジなど）で放送された。翌年の春にはライブ映像のパッケージがリリースされ、次回の「アニサマ」のチケット先行抽選応募券が封入される。同時期に開催されるアニメイベント「AnimeJapan」内で次回開催のアニサマの記者会見がおこなわれ、それがまた各メディアでレポートされる。

アニサマに似ているのが「ANIMAX MUSIX」だ。誰がどの順番で出てくるのか、何を歌うのかは、フェスが始まってみないとわからない。二〇〇九年から始まり、現在は横浜と大阪で開催されている。横浜は二十分の休憩を一度入れて約六時間半、大阪も休憩が一回入って約四時間半のステージになる。主催のアニマックスは、アジアやヨーロッパでも放送しているアニメ専門チャンネルで、海外にも「ANIMAX MUSIX」の模様が放送されている。「ANIMAX MUSIX」はファンの声を反映させ、なおかつユニークな企画が特徴だ。どのアーティストにどんな曲をカバーしてほしいか、誰と誰のコラボを見てみたいかをファン投票してもらうのだ。さらに、東京に出演するアーティストの曲を大阪の出演アーティストに指名で歌ってもらう（その逆もある）といった、ファンもアーティストも楽しめる企画を設けている。ほかに、スポーツアニメのセレクション、少女漫画原作アニメカバー、聖地巡礼アニメなどのコーナーが過去にあった。これらは単発の企画なので、今度はどんなコーナーを考えてくれるのかとファンは期待でワクワクする。

二〇一七年に大阪で企画された聖地巡礼コーナーでは、懐かしい海沿いの街にこだわって広島県竹原市が舞台に選ばれた『たまゆら』（TYOアニメーションズ、二〇一一年に一期、一三年に二期）、東日本大震災復興の願いを込めて仙台市に物語の設定をした『Wake Up, Girls!』（Ordet ほか、二〇一四年から一七年にかけて劇場版とテレビシリーズを制作）、登場人物の名前に舞台となった鎌倉市の地名がついている『ハナヤマタ』（マッドハウス、二〇一四年）、京都アニメーション制作で、京都府宇治市の高校に通う吹奏楽部員の物語『響け！ユーフォニアム』などの主題歌が歌われた。さらにフェスのラストには出演者全員で「前前前世（movie ver.）」（劇場アニメ『君の名は。』の主題歌で、海外のファンも岐阜県や長野県へ巡礼にやってくる）を歌った。

二〇一六年の横浜公演では東映アニメーション創立六十周年を記念した企画があり、同社が制作したアニメの主題歌特集をしたことがある。東映アニメーションは「ANIMAX

MUSIX」を主催するアニマックスに出資していることから、このコーナーが誕生したと思われる。また、二〇一七年の大阪公演では『ソードアート・オンライン』の主題歌特集もしているが、このアニメの制作会社（A-1 Pictures）と主題歌のメーカー（アニプレックス）は、どちらもソニーグループで、アニマックスの親会社がソニー・ピクチャーズというわかりやすい関係だ。

アニソンファンの上級者向けと思われる企画もある。I've セレクションというコーナーだ（二〇一四年の横浜公演）。I've は、アニメやゲーム関連の音楽を得意とする音楽制作プロダクションである。I've セレクションコーナーでは、I've のクリエーターが手がけた楽曲を I've 所属のシンガーである川田まみが歌った。観客は I've の楽曲についても川田まみのことも理解している前提の企画だ。そんな筋金入りのアニソンファンをターゲットにする大胆さが「ANIMAX MUSIX」の特色でもある。I've のことをあまりよく知らない観客でも、神曲メドレーを聴いている感覚で楽しめる。

音楽クリエーターの話題が出たので、アニソンフェスから少し脱線するが掘り下げてみたい。アニソンをチャート上位に次々と放り込む神曲クリエーターたちを紹介しよう。音楽制作チームの Elements Garden は、水樹奈々をはじめ、茅原実里、新田恵海、南條愛乃、蒼井翔太、宮野真守、飛蘭、KOTOKO、榊原ゆい、栗林みな実らに楽曲を提供している。『BanG Dream!』作中バンド Poppin'Party のプロデュースもしていて、アニメ放送前にもかかわらずシングルがチャート十位を記録した。Elements Garden の楽曲は、複雑なメロディーにもかかわらず華やかでドラマティックな楽曲が多い。難しい楽曲なのに不思議と心地よく、いつまでも耳に残る。アニソンフェスでもElements Garden関連の楽曲が多数歌われる。

音楽クリエーター集団のMONACAは、『らき☆すた』(京都アニメーション、二〇〇七年)、『涼宮ハルヒの憂鬱』、『THE IDOLM@STER』(A-1 Pictures、二〇一一年)、『アイカツ!』(サンライズ、バンダイナムコピクチャーズ、二〇一二―一六年)、『Wake Up, Girls!』、『化物語』(シャフト、二〇〇九年)などの関連楽曲を制作している。主題歌だけでなく挿入歌、BGM、キャラソン、サウンドプロデュースまでおこなう。

LiSA、藍井エイル、スフィア、茅原実里、中川翔子、内田真礼、神谷浩史らに楽曲の提供をしている黒須克彦は、二〇一五年度のオリコン年間ヒットランキング作曲家部門で六位になっている。ジャニーズやAKB関連の曲も手がけるメロディーメーカーだ。畑亜貴らと組んで音楽プロデューススチームのQ-MHzを立ち上げて活動もしている。

こういった制作チームはあまり表舞台には登場しないが、現在のアニメ業界には欠かせない重要なブレーンである。だから「ANIMAX MUSIX」で音楽制作のクリエーターにスポットを当てたコーナーを企画した意義は大きい。

アニソンに特化した音楽雑誌「リスアニ!」と、アニソンと声優を取り上げる情報テレビ番組『リスアニ!TV』、そして「リスアニ!」編集長がプロデュースするアニソンフェス

「リスアニ！LIVE」は、アニソンファンにはたまらないメディア展開だ。

音楽専門チャンネル「MUSIC ON! TV」の運営会社と音楽に強みのある出版社ソニー・マガジンズが二〇一二年に合併してエムオン・エンタテインメントになった。同社はソニー・ミュージックエンタテインメントの完全子会社で、雑誌「リスアニ！」を発行している。雑誌とリンクしたテレビ番組『リスアニ！TV』（二〇一七年四月、『LisAni!NAVI』に改題）は、「MUSIC ON! TV」と地上波で毎週放送している。ほかにもアニソンの総合サイトやイベント運営、コンテンツ配信もおこなっていて、メディアミックスでアニソンのよさを世の中に広め伝えようとしている。

アニソンフェスの「リスアニ！LIVE」は、「リスアニ！」が創刊された二〇一〇年から始まり、一二年を除いて毎年開催されている。フェスの模様はBSスカパー！と「MUSIC ON! TV」で放送されている。出版社が音楽フェスを開催する例は、ロッキング・オンの「ROCK IN JAPAN FESTIVAL」「COUNTDOWN JAPAN」が有名だが、連動するレギュラーのテレビ番組はない。

アニソンフェスは、アニソンの実力を証明するかのように生演奏にこだわったり、ほかのアーティストのカバーやコラボなど、自在にシャッフルして持ち歌以外を歌う。ステージで何をやってもすべて観客を魅了する。アニソンがもつパワーをいちばん実感できるのがフェスなのだ。シームレスで転換のインターバルをなくすことも、タイムテーブルを事前公開しないことも、アニソンだから可能なのだ。

応援するいちばん好きなアーティストはいるが、それ以前にみんなアニソンが大好きでアニソンのファンなのだと思う。だから最初から最後まで楽しめる。アニソンの化学反応、可能性、ファンとの一体感、サプライズ、感動の共有など、フェスにはたくさんのドラマが詰まっている。ほかの音楽と大きく違うのは、アニソンに流行はないし、古くならないことだ。アニソンフェスでは新旧の楽曲が入り乱れる。一九九〇年代や八〇年代、ときにはもっと古いアニソンも歌われるが、まったく色あせていない。最近の曲の前後で歌われても何ら違和感がない。それどころかいまも輝いているし、フェスでは一層盛り上がる。

そういう意味では、風化しないアニソンは、音楽業界のなかで特別なジャンルなのかもしれない。音楽特区と言ってもいいだろう。世界中のファンから愛されるアニソンは永遠の聖域なのだ。

第4章

アニメが進んでいく未来

『秒速5センチメートル』というリアリティー

先に本章の結論を書いておこう。アニメにしかできないことをする。そこにアニメの未来がある。なにをいまさらそんな当たり前のことをと思うかもしれないが、とても重要で永遠の課題だと思っている。アニメをドラマ化や実写映画化すると、アニヲタからはキャライメージが違う、別の世界観になっている、などとよく酷評される。

映画を作っている人たちには申し訳ないのだが、アニメと同じことを実写でできてしまうのなら、アニメーターが苦労して作らなくても最初から俳優が演技をすればいい。アニメを忠実に実写でトレースしても、あるいは新しい解釈で実写化しても、やはり違和感が生じてしまう。アニメは実写に等価変換できない。原作がコミックスやラノベだと、あまりにも原作を好きすぎてアニメ化してほしくないという原作ファンもいる。アニメ化も許せないほど思い入れが強いファンなら、実写に至ってはもう別の作品として映るだろう。

実写化を否定するつもりはない。アニメと実写は別次元なのだから、アニメにしかできないこと、実写だからできることをそれぞれ探求すればいいのだ。製作委員会としては、アニメが当たって、実写ドラマ化や実写映画化にこぎつけて興行的にも成功すれば申し分ないと思う。最近は実写映画化が増えているし、人気俳優をキャスティングして大きな宣伝も打つ。国内で成功すると海外にもっていくとさらに利益を生む。海外のアニヲタのなかには、日本映画はあまり見ないが、コミックスやアニメの実写映画化なら見たいという人も多い。

コミックスやアニメを実写化すると、作品の世界観がリアル側に強く引き寄せられてしまう。多くのアニメーターやアニメ監督が「リアルとリアリティーは違う」と言っているとおり、アニメの面白さはリアルに近づけることではなく、リアリティーの追求にある。リアルな表現がいいのなら実写だけ制作していればいいのだ。でもアニメだからできることがあるから、そこに特別な意味が生まれる。

アニメにしかできないことをもう少し深く考えてみたい。まず新海誠監督のリアルより美しいと言われる作品を取り上げよう。二〇一六年は新海誠の年だった。劇場アニメ『君の名は。』が日本映画の興行収入歴代二位（一位は『千と千尋の神隠し』）となった。観客動員は約千九百万人にもなる。海外では百以上の国と地域で上映が決まり、全世界での興行としては日本映画歴代一位を記録した。

『君の名は。』は、朝の情報番組でも何度も取り上げられた。それを見てから学校や会社に行くと、友人間で共通の話題となった。監督本人もメディアに引っ張りだこで、さまざまな媒体に登場した。SNSでは常に誰かが新海誠のことをつぶやいている。紙媒体からネット記事まで、とにかく新海誠の名前を見ない日はなかった。新海作品では初めて製作委員会方式にしたこともあり、参加企業が総力でメディアジャックしたのかと思ったほどだ。

新海誠の作品にわたしが初めて出合ったのは、二〇〇七年の春のことだった。専門学校の講師をしていたわたしに男子学生が声をかけてきて、「いま上映している『秒速5センチメ

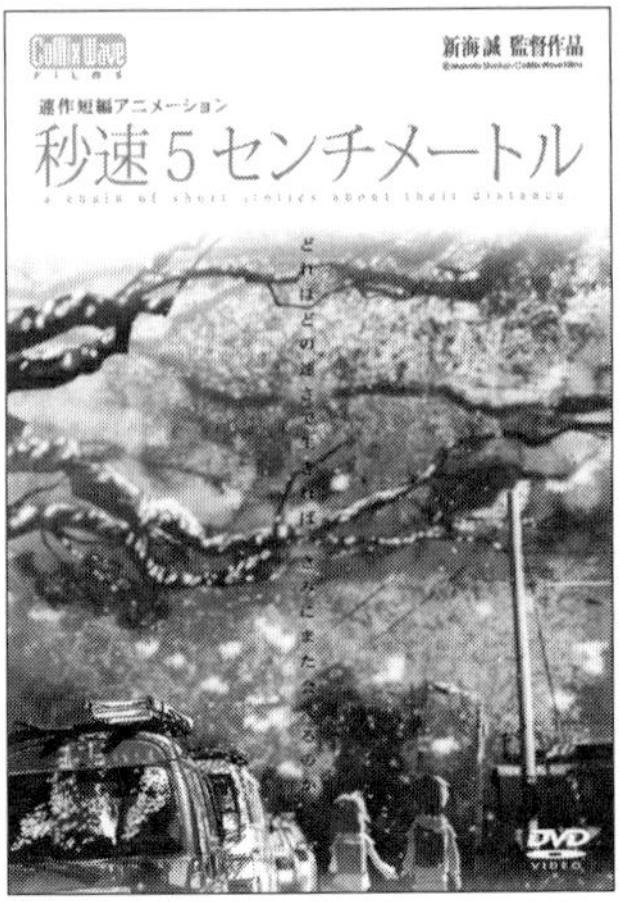

DVD『秒速５センチメートル』（コミックス・ウェーブ・フィルム、2007年）

ートル』がすごくいいからぜひ見てほしい」と言った。離れた女の子のところに電車で会いにいくというただそれだけの映画だけど、先生なら絶対に気にいると彼は熱心に薦めてくれた。そう言われたら見にいくしかない。

　大阪の梅田ロフトの地下にあるミニシアターだった。百五十席ほどの小さな映画館に客は半分も入っていなかったと思う。しかもメンズデー（現在は別サービスに変わっている）に行ったものだから男性率が高く、あまり若者はいなかった。アニメ研究サークルにいそうな学生がちらほらという程度だった。わたしは『秒速5センチメートル』についてろくに調べもしないで行ったので、上映時間は一時間半から二時間はあるだろうと思っていた。すると六十分で終わってしまった。しかし、それはとんでもなく高密度な六十分だった。何とも言えない切ない気持ちと突き刺すような喪失感ですぐに席を立てなかった。放心状態だったと思う。混乱していたのではなく、むしろ頭の中ですべてがきれいに整理されて、やるせない気持ちで放心してしまったのだ。アニメだからこそ、物語もセリフも映像表現もすべてが素直に心に入ってきたのだと思う。実写ならまた違った感情が湧き起こって、整理できないまましこりが残ったかもしれない。

　新海誠作品との衝撃的な出合いを果たしたわたしは、ずっと『秒速5センチメートル』を引きずることになる。ふと映画のなかの登場人物のことを考えてしまうのだ。シーンやセリフを脳内で何度も再生した。映像が美しいとか、物語の中身がどうという次元の話ではなく、わたしの日常が『秒速5センチメートル』に染まっていったのだ。この映画を薦めてくれた学生と、「新海誠が抱える悲しみの種類は何なのか、この喪失感はどこからくるのか」といった話を延々とした。

夏にはDVDが発売されたので、教室で上映して（著作権法第三十八条によって認められた範囲内での上映）みんなで表現研究をした。当時、三つの専門学校でクリエーティブ系の授業をもっていたので、三校すべてで新海作品の研究を授業内でおこなった。クリエーターを目指す学生たちが、何を感じどう思うのか、とても興味深かった。新海の過去の作品から最新作までみんなで話し合った。議論というよりは、学生たちの気づきを大切にしたディスカッションとした。そうすることでわたし自身もいろんなことに気づくことができた。

特別ではないごく普通の日常のなかで物語が進行していく。しかもゆっくりと時間が流れて、一秒ごとに慎重に心理描写を織り重ねたような感情が胸に迫る。文学的で知的なセリフが、ありふれた日常を魅力的に彩る。どこかで経験したような寂しさ、孤独感、物悲しさに包まれる。切なくて息苦しいのに心地いい。現実より美しい風景描写。心情風景とシンクロする光と影のコントラスト。何度見ても新鮮で常に発見がある。登場人物に自分の気持ちをつい重ね合わせてしまう。あのときこうしていたらその後どうなっていただろう、こうしなかったら別の人生があっただろうか、などと考えてしまう。そしてまたどうしようもなく、切なくなる。

『秒速5センチメートル』は日常の景色や壊れそうな心模様が明瞭に強調されている。もしそれがアニメではなく実写なら、ものすごく嘘っぽく見えたかもしれない。現実をそのまま映像にしているのではなく、現実のイメージを極限まで突き詰めて表現しているのだと思えた。アニメが可能にしたリアリティーだと思った（以下、内容にふれるので未見の人はネタバレ注意）。

この作品はバッドエンドで救いがない悲しいだけのストーリーのように思えるが、なぜか生きる強さを感じる。大切なものを失い、どんなに悲しくても日々生活をして、働いて疲れて、それでも人は生きていく。時間が停止して一歩も進めないと思っても、時間は確実に容赦なく一定の速度で進んでいる。その法則に抵抗できずに人は人生の時間を進める。果てしない喪失を背負ったまま強く生きる。一秒間に五センチずつでも歩を進める。生きるとは、こういうことだと言われているように思う。

『秒速5センチメートル』というタイトルからもわかるように、数字が物語中にたくさん出てくる。「一晩で四十億年分読んじゃった」というセリフでは、地球の四十億年もの歴史をたった一晩の時間スケールで語る。二週間かけて書いた手紙が一瞬で風に吹き飛ばされるシーンでは、約一年ぶりに会う思いを二週間コツコツと考えて言葉にしていったそのすべてを一瞬でゼロに戻される残酷さに心が痛む。時間がはっきりした悪意をもってゆっくり流れていくという文学的表現に発狂しそうになる。新海にとっては普通の表現なのだろうが、こういう表現をアニメでしてもいいんだ、いや、アニメだからできる表現なのだと思う。

キスをするシーンでは十三歳で永遠を悟り、巨大すぎる人生、茫漠とした時間というフレーズがモノローグで入る。十三歳にとって未来は胸躍る明るいものでも希望でもなく、未知の恐怖なのだ。大好きな女の子と初めてキスをした直後にそんなふうに思う。十三歳の男の子にここまで正直に心の奥を吐き出させている新海の手腕に脱帽する。

種子島に舞台が移り、宇宙探査機が時速五キロで種子島宇宙センターに運ばれていく。太陽系のもっと向こうまで何年もかけて行く高速の探査機が、地上では時速五キロという皮肉な数字。社会人になった主人公の交際相手からのメールには、千回メールをやりとりしても心は一センチしか近づけなかったと書かれている。無機質な数字に絶望的感情をはめ込んでいる。

ほかにも時刻表やコンビニで立ち読みする雑誌記事などにたくさんの数字が出てくる。おそらく主人公の腕時計がデジタル表示のG-SHOCKなのは、刻一刻と過ぎていく時間をより印象的に可視化するためだろう。アナログではなくデジタル表示の必然性がある。

新海誠の作品は一度見れば終わりではなく、何度も見たくなる。見れば見るほど発見がある。あえてリピート視聴することを考えて制作しているようにも思う。数字の一つひとつ、セリフの一言ひとことが心に焼き付く。全神経で受け止めようとしてしまう。物語の奥深くに吸い込まれ、そのなかに自分がいるような錯覚におちいる。だから聖地巡礼をしたくなるのかもしれない。それらの感情は新海監督が表現の手段に実写ではなくアニメを選んだからこそ実現していると思う。リアルには見たままのリアルしかないが、アニメによって表現されたリアリティーは、脳内で（あるいは心の中で）何倍もイメージが膨らむ。自分の経験値によって変換される。新たな意味が肉付けされる。受け手のなかで物語がさらに進んでいく。アニメにしかできないこと。そこにアニメの未来はある。

新海誠ブームとアニメの未来

新海作品が幅広い年齢層に感動を与えているのは、人が生きていくうえで味わう悲しみや苦しみに正面から向き合っているからだと思う。戦争の話や病気で大切な人が亡くなるような物語でなく、何げない日常のなかで普通の人が経験するようなストーリーをアニメにしている。だからこそ感情移入できる。『君の名は。』（以下、内容に少しだけふれます）は他人と身体が入れ替わったり、時空を超越する非現実的なラノベ的展開だが、大切な人を思い浮かべながら見ている人が多かったようだ。どうせ架空の話だからと思って見る人ばかりなら、聖地巡礼がブームにはならないはずだ。

暗く重いテーマでもダークなトーンの映像にしない。心を奪われる壮麗な映像美と音楽で構成されている。そこに日常のストーリーや魅力的なセリフが重なる。そういうアニメをみんなが求めていたのだ。

新海誠は、二〇〇五年六月五日にＮＨＫの『トップランナー』に出演した際に、映像が美しいと言ってくれる人もいるが、本当に心から物語に反応してくれる人がいて、アニメにとって何がいちばん大切かよくわかったと語っている。『秒速5センチメートル』が公開される二年前の発言だが、新海のこの考え方はいまも変わっていないと思う。映像をとことんきれいにしたら物語は二の次でいいとは思っていないはずだ。わたしは、新海の話を聞いてピクサースタジオのコンセプトと重なると思った。

『トイ・ストーリー』（一九九五年。日本では九六年に公開）を制作したことで有名なピクサースタジオが最も大切にしているのもストーリーづくりだ。最先端の技術はあくまでもツールであって、人が考えて生み出す物語が重要で、そこにいちばん時間をかける。綿密に考え抜かれた物語があって、そこに美しい映像が合わさることで作品の魅力が生まれる。ピクサーがまだ無名だったころ、アニメーターのジョン・ラセターをディズニーが好条件で引き抜こうとした。しかしラセターは、ディズニーでも映画は作れるがピクサーなら歴史が作れると言って断っている。その後、ラセターが監督を務めてフルCGで制作した『トイ・ストーリー』が世界的な大ヒットとなり、宣言どおりに歴史を作った。ピクサーはアニメの未来を切り拓いたのだ（二〇〇六年にピクサーはディズニーの子会社になり、ラセターは両社の役員になっている）。

新海誠作品の魅力である映像美とストーリーについて、もう一歩だけ踏み込んでみたい。新海作品ではアングルと伏線が重要な役割を果たしていると思う。たとえば、『だれかのまなざし』（二〇一三年に『言の葉の庭』と同時上映された。以下、内容にふれます）で、父親が一人暮

ショートムービー『だれかのまなざし』（2013年『言の葉の庭』と同時上映）
父親が娘に電話をするシーン。父親に荷物はなく、まるで手ぶらのように見える

ショートムービー『だれかのまなざし』（2013年『言の葉の庭』と同時上映）
足元には、娘と一緒に食べるつもりで買った寿司が入った紙袋がある

らしの娘に電話をするシーンがある。仕事で近くに来たから一緒にご飯でも食べようと誘う。しかし娘はまだ残業で会社にいると嘘をつく。社会人になったばかりで一人暮らしをする娘を心配する父親と、疲れとストレスから父と食事をする気分になれない娘の気持ちの両方がよく表れている。

ストーリーは進み、実はあのとき父親は娘のアパートのすぐ近くから電話をしていて、銀座で買った二人分の高級寿司を持っていたことがわかる。そして娘と食べようと思っていた寿司が入った紙袋を持ってとぼとぼ一人で帰っていく父親の後ろ姿が映し出される。すぐ近くにいたので、娘の部屋の明かりがついていたのを確認して電話したのかもしれない。そう思うと、なおさら父親の後ろ姿が寂しそうに見える。

何げないシーンだが、伏線の映像が見事だ。最初に電話しているとき、足元が見えないアングルにすることで、父親が手ぶらのように見える。歩道橋から電話しているので足元が隠れて、なおかつ見下ろすアングルにならない演出だ。見る者は、はじめは娘に感情移入し、あとから父親にぐっと感情移入する。その時間差を新海誠は狙ったのだと思う。

『言の葉の庭』(同じくネタバレします)では、十五歳の男子高校生と、ひと回りも年上の女性教師との恋物語が繊細かつピュアに描かれている。映画の終盤で、彼が部屋を出ていき、あとから彼女が追いかける。階段の踊り場で追いつくと、二人が激しく感情をぶつけあい、やがて抱擁する。涙を誘う感動的なシーンだ。そこからカメラはパンしながら引いていき、街を俯瞰する。日が差して降っていた雨があがり始め、水滴がキラキラと輝く美しい映像だ。カメラが引くことで二人がいる踊り場が高層階だとわかる。ビル壁面に突き出るように設置されたその非常階段からは、新宿御苑やその向こうのドコモタワー(NTTドコモ代々木ビル)を見渡せる。太陽の光がまぶしい。感動的なシーンにふさわしい位置で二人は抱き合っている。

ところで、二人はどうしてエレベーターを使わずに階段だったのか。もしエレベーターで下までするすると降りてしまえば、この感動的な映像は存在しなかった。実は二人がマンションに入るとき、エレベーターが点検中で使えないことを示すカットがほんの一瞬だけ入る。まったく気にもとめない、記憶にさえ残らない日常の場面。たったワンカット。二秒あるかないか。でもこの伏線がないと『言の葉の庭』のクライマックスシーンは成立しない。それに加えて、一人で歩けるようになる練習をしていたという先生のセリフまでも伏線になる。

Blu-ray『言の葉の庭』（東宝、2013年）
右手前マンションの非常階段に主人公の２人がいる。中央奥が新宿御苑

前掲、Blu-ray『言の葉の庭』
ドコモタワー（右のビル）からカラスが朝日に向かって飛び立とうとしている。眼下に新宿御苑

エレベーターではなく自分の足で階段を下りることに特別な意味が込められる。

カメラが引いていくことであらためてなぜこの物語の舞台が新宿御苑なのかがわかる。本当に助けてほしいときに誰も味方がいない女性教師。自分の夢を熱く語る親友がいない男子高校生。そんな二人が偶然出会い、その後少しずつ心の距離を縮めていく場所となった新宿御苑のあずまや。都会の真ん中にある新宿御苑は、まるで神様が間違えてそこに置いたような緑あふれる庭園だ。都会のなかの孤独。癒やしの場であると同時に、新宿御苑もまた都会のなかで孤独な存在なのだ。

新宿御苑と周辺のロケーションを描く映像の美しさは格別だ。ランドマークのドコモタワーや近未来デザインのモード学園コクーンタワーをはじめ、都会の街並みがさまざまなアングルで描かれている。見上げたり見下ろしたり、ときには上空を旋回しながら鳥の目線で表現される。電車の窓ガラス越しに流れていく街並みや、水面に映るビル群など、無機質な日常の景色が叙情的な景色に変化する。そして雨でも鮮やかに緑が輝いて光あふれる新宿御苑だ。新海作品の繊細な描写は、実写では表現できないドラマ性を含んでいる。

わたしが日常の風景でアニメならではのうまさを感じたのは、ドコモタワーの上部にとまった一羽のカラスが、朝日が差し込むタイミングで東の空に飛び立つシーンだ。カラスの背後からゆっくり上昇するアングルで見せている。凛とした空気まで伝わってくる。意図したタイミングで飛び立つカラス、朝の光、俯瞰アングル、実写では不可能だ。

新海誠は、実写ではなくアニメ表現にこだわる点について次のように語っている。

「高校生の時、庵野秀明総監督の『ふしぎの海のナディア』のオープニングの素晴らしさに強い影響を受けまして。カメラ手前からカモメが入ってきて、それがボーカルの歌い出しとリンクしている。カメラはそのまま空に上がっていくカモメを追っていって、一番気持ちいいタイミングで太陽がフレームに入る。なんて意図に満ちた映像なんだろうと思いました。実写では決してできない演出です」と説明し、「自分がつくりたいものを決定づけたのかもしれません」と言っている（「CREA」二〇一七年三月号、文藝春秋）。

『君の名は。』にもアニメにしかできない表現が、意図的に狙いとしてある。『NEWS ZERO』（日本テレビ、二〇一六年八月二十五日放送）で『君の名は。』の光の演出について新海誠が自ら解説している（内容にふれます）。歩道橋にいる登場人物の一人には光が当たっていて、もう一人は影のなかにいる。その状況を作るためにあえて光源を二つにしていると言う。現実には太陽は二つないので、実写では表現できないシーンだ。背景のビル群に当たる光と、手前の歩道橋に当たる光の角度がまったく違う。それが何の矛盾もなく日常の風景として描かれている。言われるまで気づかないごく自然な描写なのだ。美しい風景をただ美しく描くだけではない。登場人物の性格や心情までも風景のなかに意図された演出で表現する。理屈ではなく感覚的に伝わるように光と影を巧みに操る。

新海誠ブームは一時的なものなのか。わたしは、初めて新海作品を見た人たちの反応にアニメの未来はあると思っている。実写のドラマや映画は見慣れているが、普段アニメを見ない人たちにも新海作品は響いた。ジブリ映画でさえ映画館では見たことがなく、「金曜ロードショー」をチラ見するだけという人もいただろう。そんな人たちが『君の名は。』を通じてアニメってこんなに素晴らしいものなのかと思ったのなら、アニメの未来は明るい。アニメはアニヲタだけのものではない。広くアニメのよさが理解されるべきだ。新海誠だけが特別なのではなく、ほかにも素晴らしいアニメはたくさんある。先入観を捨ててアニメ全体の評価が変わればいい。『君の名は。』はその一歩になったと思いたい。

細田守作品の普遍性

いままで誰も思い付かなかったストーリーや、最先端の映像技術を突き進めていくことだけがアニメの未来だとは思わない。どんなにテクノロジーが発達して人々の暮らしが豊かになっても、いつの時代も変わらない普遍的なテーマをどう映像化するか。それが未来への課題だと思っている。

細田守監督の作品は設定こそ奇想天外だが、テーマの本質は親子愛や親類の絆、友情など普遍的なものだ。地味で古典的なヒューマンドラマなのに、アニメならではの美しくやわらかい映像と演出で新鮮な感動を与えている。ここでは細田作品の『おおかみこどもの雨と雪』『バケモノの子』『時をかける少女』『サマーウォーズ』を取り上げる。未見の読者はネタバレに注意してほしい。

『おおかみこどもの雨と雪』（スタジオ地図、二〇一二年）は、母親の子育ての大変さがひしひしと伝わってくる。人の姿をした狼「おおかみおとこ」と人間の女子学生が恋に落ち、子どもを二人産む。子どももまた父親と同じく人の姿にも狼の姿にもなれる。しかし幼い子どもを残し、父親の「おおかみおとこ」は亡くなってしまう。母親は人目を避けながら懸命に子どもを育てる。

とんでもない設定だが、誰にも相談できずに必死で子育てをする母親の姿についつい何度も涙ぐんでしまう。自分の母親のことを思い出し、こんなふうに苦労をかけたんだなと胸を熱くしながらスクリーンを見つめた。どうせありえない設定だからと思えない。もしかしたら狼以上に自分は親を困らせたんじゃないだろうかと思ってしまう。リアルではなくリアリティーな表現だからこそ物語に入り込んでいく。

親子は人を避けて都会から田舎に引っ越すが、皮肉にも人のぬくもりにふれ、助け合いながら生活していくことになる。アニメは大自然の四季を迫力がある美しさで描き出している。一方で、重労働の畑仕事の難しさは、汗や土の匂いを感じるほどリアルだ。それに新海誠同様にアングルのうまさに思わずうなってしまう。雪山を駆けるシーンでは、第三者の視点で子どもを追い、次に母親の目線に変わり、最後は子どもの目線になる。目線を変えることで臨場感が出て、空間を立体的に表現できる。何より見ているこちらが雪山を駆けている感覚になる。

また、母親が意識を失っているときに見る世界では人物の主線を黒ではなく赤茶色で描き、光も多めにしてやわらかい世界観を演出している。こういう手法は実写では不可能で、アニメにしかできない手法だ（そもそも実写に主線はない）。

やがて子どもたちが成長して母親のもとを離れていくときがくる。ここでまた涙を誘う。子育てを主題に置きながら、母も子も強く生きることがサブテーマとしてあったことに気づく。徹底した普遍的メッセージだから見る者はそこから逃れられない。子どもの十三年間の

Blu-ray『おおかみこどもの雨と雪』（バップ、2012年）
第三者目線のアングル

前掲、Blu-ray『おおかみこどもの雨と雪』
子どもを追いかける母親目線のアングル

前掲、Blu-ray『おおかみこどもの雨と雪』
子ども目線のアングル

成長を約二時間で見せることができるのもアニメならではだ。

細田守は東映アニメーションにいた二〇〇〇年に宮崎駿からオファーを受けて『ハウルの動く城』の監督を引き受けている。スタジオジブリに出向いて作業を進めるが、絵コンテは完成せず行き詰まってしまう。結局、監督を降りることになり、制作チームも解散する。東映アニメーションに戻るが、それからも思うように仕事ができなかった。細田が苦しんでいるときに母親が倒れてしまう。故郷に戻って母親のケアをするかアニメ制作を続けるかの選択に迫られたのだ。悩んだ末に細田はアニメ作りに専念する道を選んでいる。そんな経験も『おおかみこどもの雨と雪』の母親像に影響しているのかもしれない。

二〇一五年に公開となった『バケモノの子』（スタジオ地図）は、父親と息子の物語だ。細田守の父親は仕事が忙しくて十分に家庭サービスができなかったようだ。細田が三十歳のときにその父親が急死している。父と息子でもっとたくさん話をして、ときにはケンカもするような普通の親子の関係をもちたかったはずだ。『プロフェッショナル 仕事の流儀』（NHK、二〇一五年八月三日放送）で細田は父と息子の関係の欠如を『バケモノの子』で埋めることができればと語っている。渋谷と異世界とがつながっている設定もまた突拍子もない。非現実的な話なのに、荒っぽくて不器用で熱苦しい親子愛は、リアリティーにあふれている。

『時をかける少女』（マッドハウス、二〇〇六年）は、筒井康隆の有名なSF小説が原作で、実写映画化もドラマ化も多数制作されてきたが、アニメ化は初めてとなった。原作の二十年後を描いたスピンオフだ。ヒロインが何度もタイムリープするのだが、細田らしいのは、日常に大切なメッセージを置いている点だ。叔母（二十年前に原作でタイムリープしていた本人）が「よかった。（タイムリープを）大したことには使っていないみたいだから」とヒロインに言う。

時間を操作する能力を手に入れたというのに、世界を変えてしまうようなことは一切せずに、日常のささやかなことにしか使わない。細田は、高校二年生の女の子にとって、世界より恋や友情やおいしい食べ物のほうが大切と考えたのだ。友達以上恋人未満の間で揺れ動く乙女心がコミカルかつ臨場感たっぷりに表現されている。まさにリアリティーが弾けている。

未来に帰ってしまう彼が「未来で待ってる」とヒロインの耳元でささやき、彼女が「すぐ行く、走っていく」と返す名ゼリフは、SF作品ということを忘れてしまう。完全に少女マンガ的ラブストーリー展開だ。現実をごまかすように後ろ向きに時間を巻き戻していた女の子が、力強く未来に駆けだす成長も描く。実は成長物語というテーマが隠されている。細田守の得意テーマだ。

『サマーウォーズ』（マッドハウス、二〇〇九年）は、内気な理系男子が世界を救う物語だ。ネット上の仮想世界と、田舎に集まった個性的な親類たちという相いれなさそうなものを見事にリンクさせている。ネット世界と田舎の風景の対比が明確で、両方の世界に引き込まれる。終盤は仮想世界での壮絶なバトルに加えて、小惑星探査機が核施設に落下してくるという想定外の展開になる。カオスに近いにぎやかさと緊迫した物語なのに、笑いが絶えない。緊急事態にいちばん肝が据わっていて常に正論を唱え、人々を励まし続けるのが九十歳のおばあさんというのも面白い。仮想世界は、主線が赤茶色で描かれ、流動する無数のアバター、和

DVD『時をかける少女』（角川エンタテインメント、2007年）
人物に影はなく服もシンプル。背景の木々や建築物の陰影のつけ方と対照的

柄、空間の奥行き、激しい格闘などが、ダイナミックに描かれている。『サマーウォーズ』のモチーフになったのは、細田守が妻の実家がある長野県上田市に行ったとき、親類が一堂に会して、事前予告なしに細田夫婦の披露宴が始まったことだという。あえてこぢんまり結婚式をしたのに、田舎の人たちはそれを許してくれなかったという幸せな体験にもとづいている。ここでも作品の芯の部分は、普遍的な親類の絆だ。どんなにとっぴな設定でも、必ず人の本質に迫っていく。

細田守は人物に影をほとんど描かないことで有名だ。シンプルなほうが見やすいと監督は言う。見やすいから感情が伝わりやすいのだと思う。着ている服のデザインも奇抜なものはなくみんなシンプルだ。表情や動きやセリフで感情や性格は伝えられる。装飾を省いてシンプルにするほど、そういったものが伝わりやすい。引き算の法則だ。一方、背景美術は陰影があり緻密で美しい。細田は、「同じ景色でも、うれしいときと悲しいときとでは違って見える、それをアニメだと感情に合わせて景色を描き分けることができる」と言っている（『トップランナー』NHK、二〇〇九年九月十一日放送）。

現実に見ているものを描くのではなく、心で見えるものを表現するのが細田守なのだと思う。言うまでもなくそこにあるのはリアルではなくリアリティーだ。細田守流の普遍的テーマとアニメにしかできない表現こそ、未来に受け継がれるべきものだ。

リアルを超える職人技

技術の進歩によって制作がスピーディーになり、よりリアルな表現も可能になった。しかし、逆に時間がかかる手法で作った作品もある。イシグロキョウヘイが初監督を務めた『四月は君の嘘』の演奏シーンは、ピアノやバイオリンを実際に演奏家に弾いてもらい、それをいろんなアングルで撮影した映像をもとに作画している。本来なら、その実写映像をトレースすれば正確に動きをコピーできて作業時間も短縮する。ところが、あえてトレースせずに撮影データを見ながら一から絵を描き起こしている。楽器演奏シーンの難しいところは、動きがなめらかで正確でないと弾いているように見えないことと、演奏と音をぴったり合わせることだ。それらを考えると実写データをそのままトレースしたほうが合理的だ。

しかし、俳優が演じたりプロの音楽家が演奏するのがいちばんいいのならアニメを作る必要はない。物語のなかで主人公がどういう気持ちで演奏するのか。それは演奏の正確さ以上に求められるテクニックだ。その手間があるから視聴者の心をつかむ映像になる。

フィギュアスケートを題材にした『ユーリ!!! on ICE』（MAPPA、二〇一六年）は3ＤＣＧ向きの作品だが、なんとスケーティングのシーンを手描きしている。氷の上をすべりながらジャンプしたり回転する演技は、ＣＧ処理すると動きがなめらかになるし音楽にも合わせやすい。元フィギュアスケート選手でプロの振付師でもある宮本賢二が制作サイドと綿密な打ち合わせをして、自ら全演目をフル尺で滑っている。それを四台の固定カメラに加えて二台のハンディーカメラで追いながら撮影している。そこまでしているのに撮影動画を見ながら手描きしているのだ。

押しつぶされそうな緊張感に包まれ、氷上の孤独な闘いを繰り広げる選手たちの演技を心の動きまでも加味しながら、見せ場では現実に脚色をほどこして描く。実際のフィギュアスケートをテレビで見ていても選手の心の声は聞こえないが、アニメではモノローグが入る。そのセリフもアニメの動きに影響している。現実と非現実の絶妙なすき間でギリギリの表現をする。そのおかげでライブ感たっぷりの大迫力のアニメが完成する。放送一回分のほとんどが演技シーンという回もある。どれだけ時間をかけてアニメを作っているのかと思うと、感動もより一層増す。

役者の演技を撮影して編集する。その映像を見ながら声優が声を入れる。映像をトレースしてアニメにしていく手法をロトスコープという。全編ロトスコープで制作された日本初のテレビアニメは『惡の華』(ZEXCS、二〇一三年)だった。役者の容姿がトレースされてしまったので、原作コミックスのキャラクターとは見かけが違ってしまい、がっかりする原作ファンがいた。

では、原作を読んでいないアニメファンにはどう見えたのか。アニメに変換されているとはいえ、生身の人間が演技しているので、よく描き込まれた二次元背景のなかで登場人物の動きが浮いている。人物描写は、服も含めて全身がアニメ塗りをさらに簡略化した陰影がないペタンとしたものになっている。頭部や目の大きさが実写のままでアニメ仕様ではないので、アニヲタからも違和感があると否定的な声があがった。リアルに近づけてしまったばっかりに、実写にもアニメにもなりきれず、不自然さがやたら印象に残った。

『惡の華』（ここから少し内容にふれます）は、賛否あるなか、わたしは物語の先が気になって最終話まで見てしまった。優等生で美人のクラスメートの体操服を盗む男子とそれを目撃していたこじらせ系女子という設定とストーリーの面白さに引っ張られた。しかし中途半端なところでアニメが終わってしまったので、原作コミックスを買って読み始めると比べものにならないほど面白くて止まらなくなった。もしロトスコープを使わず原作を最後までアニメ化していたら、また違った面白さがあったかもしれない。

日本史の知識が皆無の高校生が戦国時代にタイムスリップして織田信長として生きる『信長協奏曲』（フジテレビ、二〇一四年）は、ロトスコープに手を加えてCG補正している。そのせいか、原作コミックに寄せた作りで違和感はかなり軽減されている。

DVD『シドニアの騎士』第1巻（キングレコード、2014年）

3DCGをうまく使っているアニメ制作会社のひとつにポリゴン・ピクチュアズがあげられる。『シドニアの騎士』（二〇一四年に一期、一五年に二期）や『亜人』（二〇一六年）を制作している。わざと手描き風にしたり、3DCG

特有のなめらかすぎる動きには手作業で修正を繰り返して自然な動きにするといった工夫をしている。さらに映像にメリハリをつけるために、アングルを巧みに変えながら、迫力がある映像にしている。『シドニアの騎士』の外宇宙生命体や『亜人』の黒い幽霊で表現される無数の粒子状の物質とその動きは3DCGならではの技術だ。その一方で、手描き風の映像を絶妙にブレンドしている。

顔の表情は3DCGを使っていても、セルルックという手法で2Dのアニメ塗りを徹底している。ぺたんとしたシンプルな塗りでグラデーションは使わない。境界線がはっきりした影やハイライトをつけていく。その一方で、陽光や光彩を強調する演出や、主線を塗りになじませるなどの手を加える。アナログ感とデジタル感が常に並走して美しい映像になっていく。それもまた未来のアニメのカタチなのだとわたしは思う。

『ラブライブ!』が示すアニメの未来形

『ラブライブ!』の作中アイドルユニットのμ'sが、二〇一六年四月一日に東京ドームでファイナルライブをおこなった。μ'sとして担当声優による現実世界での音楽活動の集大成になる。一ステージで四十二曲、約五時間のライブを二日連続でおこない、延べ十万人以上を動員した。ライブビューイングは、国内二百二十一館、海外は十の国と地域で実施された。

CD『僕らの LIVE 君との LIFE』（ランティス、2010年）

そこからさかのぼって、一〇年、夏のコミケで販売された記念すべきファーストシングル『僕らのLIVE 君とのLIFE』（ランティス）は、たった三百四十三枚しか売れなかった。その六年間にいったい何があったのか。

もともと『ラブライブ！』は、メディアミックスで展開することを想定して複数企業が仕掛けたプロジェクトだった。結論から言うと、成功のキーワードはファン参加型、PVと声優がシンクロするハイレベルなステージング、王道アニメの法則、みんなでかなえる奇跡、以上の四点だと考える。

『ラブライブ！』は、アニメやゲームを取り上げる『電撃G's magazine』（KADOKAWA）の読者参加企画として始まった。全体のストーリー構成はまだ公開されておらず、企画はユニット名や派生ミニユニット、グッズなど、読者との対話に重点を置いて進めていく方針をとっていた。

ファーストシングルは、μ'sというユニット名が決まっていないままリリースされた。購入すると二枚目のシングルでPVのセンターポジションを決める投票ができた。しかし知名度が低いうえにストーリーや肝心のキャラクターについて情報が少なすぎるため、あまり盛り上がらなかった。それをあえて、伝説はここから始まると予言するように、最初からファン参加型の企画を強気に打ち出していった。

ターニングポイントになったのは「Animelo Summer Live 2012 —INFINITY ∞—」への出演だろう。さいたまスーパーアリーナに二万七千人を集めたアニソンフェスだ。同じ二〇一二年にμ'sは初となる単独ライブを横浜BLITZでおこなっているが、キャパは最大千七百人の会場だった。単純計算すると、さいたまスーパーアリーナの二万七千人のなかにμ'sファンは六パーセントか七パーセント程度ということになる。それは逆にチャンスと捉えることができた。μ'sの歌とダンスパフォーマンスのレベルの高さを見せつける絶好の機会になったからだ。

楽曲は夏にふさわしく『夏色えがおで1,2,Jump!』(ランティス、二〇一一年)が選ばれた。大画面に映し出されたPVのアニメ映像は、3DCGと2Dのブレンドで自然なダンスと表情を映し出していた。μ'sの全映像に共通する多彩なアングルとパンの連続。本当に人が踊っているように見せるために、ほんの少しずらして九人全員がまったく同じ動きをしない工夫がされている。そのPVを声優たちがステージで完璧に再現して見せる。見事にPVとシンクロした動きと高い歌唱力に観客は驚いた。それもそのはず、前掲のファースト単独ライブに向けて四人のインストラクターがつきっきりで四カ月前からダンス指導にあたっていた。完璧にできあがった状態でさいたまスーパーアリーナに乗り込んでいったのだ。

初めてμ'sを見た観客の多くが、ブログやSNSで絶賛するコメントを発信している。たった一曲で退いたので、もっと見たいと思ったはずだ、そのタイミングでアニメの放送が決定していると告知する。そうなるとアニメを見ないわけにはいかない。

少しずつファンが増えていき、いよいよ二〇一三年一月にアニメ放送が始まった。同時期にゲーム『ラブライブ！ スクールアイドルフェスティバル』がブシロードから配信され、翌年にはユーザーが全世界で一千万人を超えた。アニメ第二期の放送前におこなわれた一四年の単独ライブ「ラブライブ！ μ's →NEXT LoveLive! 2014～ENDLESS PARADE～」では、さいたまスーパーアリーナに一万七千人を動員し、全国五十三カ所と海外七カ所でライブビューイングがおこなわれている。このころになるとCDは常にチャート上位にランクインし、アニソンフェス、ゲーム系イベント、ファンミーティングなど各種イベントやテレビ出演が急増する。そして、ついに一五年の『NHK紅白歌合戦』でより広く認知されることになった。

『ラブライブ！』の魅力は歌とダンスだけではない。物語も重要だ（以下、内容にふれます）。メディアミックスやコラボなどの仕掛けがいくらあっても、肝心のアニメが面白くなければファンはすぐに離れてしまう。『ラブライブ！』はほかのアイドルアニメと何が違うのか、なぜ応援したくなるのか、その理由としてストーリー設定に注目したい。

アイドルアニメによくあるのが、アイドル候補生がトップを目指すものや、つぶれそうな地方の芸能プロダクションから全国メジャーの人気アイドルに、といったストーリーだ。『ラブライブ！』の舞台は普通の高校でしかも廃校寸前。μ's のメンバーでアイドル志望は九人中二人だけで、芸能活動もしていない普通の高校生だ。スクールアイドルで有名になろうとした動機は、廃校を阻止するため。学校を残すことが目的で、自分たちがスターになることではない。最初はメンバー間で考え方の相違や葛藤があるが、やがて信頼や「友情」が生まれる。ところが、物語の早い段階で廃校阻止が実現してしまう。ここが物語のポイントだ。μ'sの活動の目的がなくなってしまう。そこではじめて続けることに意味を見つけて結束する。最終的には「努力」で「優勝」の栄光を手にする。

ストーリーを整理していくと「週刊少年ジャンプ」の三大原則「友情・努力・勝利」に一致する。同時に青春のキラキラした空気感が終始漂っている。それはスクールアイドルという設定のためだ。『ラブライブ！』には少年マンガの要素がほかにもある。A-RISEという強力なライバルの存在だ。自分より強い相手と出会うことで自らを鍛え上げて、ついにライバルを超えていく。さらに全員が主役という点は見逃せない。大ヒットするアニメにはキャラ全員が主役の作品が多い。

ダークファンタジーでシリアスなのに可愛い魔法少女ものの『魔法少女まどか☆マギカ』は、主要キャラ五人全員が主役と言える。二〇一一年当時、歴代テレビアニメのブルーレイディスク売り上げ記録を更新している。なんと一位から三位までを『魔法少女まどか☆マギカ』（アニプレックス）第一巻から第三巻が独占したのだ。

類いまれな才能をもったバスケットボール選手同士が対決する『黒子のバスケ』もみんなが主役だ。このアニメは「東京国際アニメフェア2013」の東京アニメアワードテレビ部門で優秀作品賞を受賞している。ほかに高校の自転車競技部が繰り広げる激しい闘いをテーマにした『弱虫ペダル』（TMS/8PAN、二〇一三年から一七年にかけて三期までを放送）は敵も味方もみんなが主役だ。原作はコミックスで、アニメ、劇場版、実写ドラマ、ゲーム、パチスロ、舞台などのメディアミックスを展開している。全員主役のアニメはあげればきりがない。過去の名作を振り返ると『ルパン三世』あたりまでさかのぼれそうだ。

『ラブライブ！』はそんな王道に王道を重ね塗りしたようなヒットアニメの法則や、センターポジションを決める投票というアイドル的手法を取り入れ、キャラソンとともに成長していった。作中のキャラも、演じる声優も、応援するファンもみんなが一緒に成長できた。三百四十三枚しかCDが売れなかったとき、六年後に東京ドームに延べ十万人以上もファンが集まるなんて誰が想像しただろう。μ'sの声優たちもそんな日がくるとは思っていなかっただろう。アニメのなかでは最初のライブは観客が一人もいなかった。本当にそこから一歩ずつ夢をかなえていったのだ。

「CUT」二〇一六年六月号（ロッキング・オン）が七十六ページにわたるμ's特集を組んでいる。そのなかでファイナルの東京ドーム公演後にμ'sのメンバー全員にインタビューした内容が興味深い。声優はキャラを演じるというより、キャラとペアを組んで別の主体としてステージに立っている感覚になるようだ。同誌で語った新田恵海の「ステージに立っているときは新田恵海でありながら穂乃果（キャラ名）でもあるので、わたしの感覚というよりも、わたしと穂乃果とが混ざってる感覚」という言葉によく表れている。南條愛乃が東京ドームのステージで言った「絢瀬絵里（キャラ名）と南條愛乃でした」も同じだろう。だからμ'sの曲はキャラソンでありキャラソンではない、声優もファンも含めたみんなの歌になっている。

みんなの力で東京ドームにたどりついたという感情を共有している。

μ'sの六年間の活動は声優にとって人生を変える六年間でもあった。前掲の「CUT」で久保ユリカは、「どこまで続くのかな、と思っていたし、何よりわたしは、これが終われば続けてきた仕事をやめるんだろうな、と思っていて。当時、ハタチぐらいで――。『ラブライブ！』を見届けて、何もなければほんとに仕事をやめて奈良に帰ろう、と思っていました」と当初のことを振り返っている。

三森すずこも声優デビューして間もないころで、人生はうまくいかないものだと感じていた時期だったそうだ。μ'sが歩んできた道のりと声優の人生もシンクロしているのだと思う。それをずっと応援して見守ってきたファンの人生もまた同じだろう。そういう気持ちのつながりが、みんなでかなえた奇跡になっているのだ。

『ラブライブ！』の成功にはアニメの未来がたくさん詰まっている。わずか三カ月で終わってしまうアニメが多いなか、テレビ放送以外のメディアで長期にわたって活動を続けて、ファンも声優も巻き込んで絆を強くしていく。王道路線の物語なのに、筋書きがない感動的な人生ドラマが生まれているのだ。

ファンイベントと化した『キンプリ』現象

ブームや社会現象は、当初は誰も予想しなかったことが多い。アニメ映画『KING OF PRISM by PrettyRhythm』（タツノコプロ、二〇一六年。以下、『キンプリ』と略記）もそのひとつだ。一致団結した熱い応援上映はニュース番組でも取り上げられた。

『キンプリ』を説明するのは難しいが、できるだけ簡潔にまとめてみよう。『プリティーリズム』というゲームをアニメ化した番組が二〇一一年から一四年までシリーズで放送された。その第三シリーズが『プリティーリズム・レインボーライブ』（タツノコプロ、DONGWOO ANIMATION、二〇一三―一四年）で、女の子がファッショナブルなスタイルでスケートをしながら歌い踊る。

映像はとにかくキラキラとまぶしく、グロー効果の光彩が強調された派手なものになっている。プリズムショーのプリズムジャンプが最大の見せ場で、実際のスケートジャンプとは違い、重力を無視して空中飛行するようなイメージだ。星やハートが乱舞する華やかなエフェクトが施される。ダンスは3DCGでヌルヌルと動くが、キャラは2Dのアニメ塗りになっている。『ラブライブ！』同様アングルが次々と変わり、キャラを軸にしてカメラが何度もパンする。ちなみにプリズムショーを演出している京極尚彦は、『ラブライブ！』の監督でμ'sの全ライブシーンの演出をしている。

Blu-ray『KING OF PRISM by PrettyRhythm』（エイベックス・ピクチャーズ、2016年）

『プリティーリズム・レインボーライブ』は主要キャラが

女の子だが、プリズムショーをする男の子のユニットも登場する。その男の子たちを主役にしたスピンオフ作品が『キンプリ』である（以下、内容にふれます）。主役が男の子になっても、映像はキラキラで星やハートであふれている（演出は前述の京極尚彦）。女性ファンへのサービスなのか、男の子キャラの美しい裸体も盛り込まれている。自転車が空を飛んだり、電車でハリウッドまで行ったり、分身するなど、ツッコミどころも多く、いろんな意味で楽しめる作品と言える。

その『キンプリ』がなぜ話題になったのか。いままでの劇場版アニメにはなかった特殊な楽しみ方がおこなわれているのだ。特定の場面で観客が一斉にスクリーンに向かってコールしたり、セリフに合わせてみんなで同じ動作をする。極め付きは、観客がアフレコできるように、最初からわざと声を入れていないシーンもある。セリフのテロップが出るので全員がそのセリフを言うわけだ。また、観客に呼びかける場面では、観客が返答する。コスプレで来場してもいいし、キングブレード（カラーチェンジできるペンライト）を振ってもいい。本来は映画館で禁止されているこれらの行為が可能なのだ。

制作した側もアフレコできるシーンを設けたとはいえ、ここまで観客がノってくれるとは思っていなかったようだ。わたしが最も意外に思ったのは、映画の冒頭で配給のエイベックス・ピクチャーズ、協賛のタカラトミーアーツ、アニメ制作のタツノコプロの順で社名ロゴが表示されるのだが、そこで大きな拍手が起こることだ。これらの企業のおかげで『キンプリ』が上映できているということに感謝の気持ちで観客が拍手をしている。

『キンプリ』を監督した菱田正和は、「今は動画サイトなどでも、アニメ配信を観ながらリアルタイムでコメントをして、みんなで楽しむのが流行っているぐらいだから。(応援上映というスタイルは)潜在していたファンの気持ちに、うまく乗っかれたのかもしれない」(『きゃらびぃExtra!』アニメイト/二〇一六年六月十六日)と語っている。

菱田が言うとおり、動画サイトでアニメを一人で見ているとき、キーボードで入力した言葉を同じ画面を見る大勢の視聴者と共有できる。コメントには制作会社や監督の話題もよく出る。それに慣れているユーザーにとって、映画館のスクリーンに向かって一斉にアクションを起こすのは特別ではなく自然なことなのだ。企業のロゴマークに反応してもおかしくない。

最初はわずか十四館から始まった『キンプリ』は、クチコミで広がり、すべての都道府県で上映されるまでになった。全国に広がったことで、各地でコールのタイミングが違ったり、盛り上がり方もさまざまに異なるようになった。制作側がすべてガチガチに決めたのではなく、自然発生した部分も多いので、ファン主導でローカルに発展していく。ファン自身が『キンプリ』に参加できる隙間を見つけていったわけだ。

注目は観客のリピート率だ。何回も見にいく人が多く、なかには百回以上も見るファンもいる。同じアニメ映画を何度も見るのは『キンプリ』ファン以外、あるいはアニヲタ以外には理解しがたいと思う。たまたまわたしの友人に『キンプリ』のリピーターがいたので、何度も映画館に通う理由を聞いてみた。「大好きなアーティストのコンサートに何度も行くようなもので、コンサートに比べたら映画は安い。コンサートは、ツアーで各地を回るのでそれに自分もついて回るのは大変だが、映画館は移動しないし、いつでも自分の都合がいいときに見にいけばいい。『キンプリ』を知らない友達を連れていき、ファンになってもらうのも楽しい」と説明してくれた。『キンプリ』は独立した話で何の前知識がなくても楽しむことができるため、『キンプリ』や『プリティーリズム』を知らない友達を連れていきやすい。

それにしても、いくらコンサートよりも安いからといっても、よくリピートが続くと思う。制作者側はその対策も立ててあり、「PRISM KING CUP 次世代プリズムスタァ選抜総選挙」と題したキャラの人気投票をしたり、バレンタイン限定イベントや監督やプロデューサーの舞台挨拶、4DX上映、キャラの生誕イベント上映などを企画するなど、リピーターが飽きない工夫もしている。ちなみに舞台挨拶は映画初日にするのが通例だが、公開から二カ月も経過してからおこなっている。また続篇の制作が決まっていないにもかかわらず本篇に予告映像が入っている。ファンは続篇を見たいので、興行収入や動員数を増やすために貢献したいという心理がはたらく（二〇一七年六月に続篇の上映が実現した）。

応援上映はほかにも『ガールズ&パンツァー 劇場版』（アクタス、二〇一五年）、『遊☆戯☆王 THE DARK SIDE OF DIMENSIONS』（ぎゃろっぷ、二〇一六年）、特撮映画『シン・ゴジラ』（東宝映画、シネバザール、二〇一六年）、『黒子のバスケ ウインターカップ総集編』（プロダクション I.G、二〇一六年）、『君の名は。』などでもおこなわれた（限定的におこなった応援上映も含む）。こうして列記してみるとジャンルがバラバラなので、おそらくほとんどの劇場アニメや特撮で応援上映は可能ではないだろうか。

応援上映を仕掛けることで劇場版の興行収入が見込めるなら、いままでならテレビ放送で終わっていたアニメも劇場版化のハードルが低くなる。応援上映は海外でもかなりユニークな光景に映るはずだ。海外で上映した場合、アニヲタがまねをして、それを現地メディアが取り上げることでブームになるかもしれない。すると、権利をもっている製作委員会はますます劇場版に意欲的になるはずだ。

シャフトがアニメをアートにする

このアニメ作品が好きという感覚で、このアニメ制作会社が好きというアニヲタがいる。OPを見ただけで、制作会社のクレジットが出る前にどこが作ったか初見で言い当てることができる者もいる。あるいは「この動きはポリゴン（ポリゴン・ピクチュアズ）でしょ」とか、「OPのキャラの見せ方が、いかにも京アニの石原さんっぽい（京都アニメーションの石原立也監督）」という会話をするアニヲタもいる。

アニメ制作会社のなかで、すぐにこの会社だとわかるのがシャフトだ。シャフトと言えば新房昭之が監督した名作が多数ある。たとえば、シュールなブラックギャグと奥行きがない和風レトロ映像が印象的な『さよなら絶望先生』（二〇〇七年から〇九年にかけて三期まで放送）、

『魔法少女まどか☆マギカ』、西尾維新の原作で怪異をテーマにしたシリーズもの『〈物語〉シリーズ』（二〇〇九年から一七年までシリーズが各種メディアで継続中）、ギャグ先行の学園ラブストーリー『ニセコイ』（二〇一四年に一期、一五年に二期）、原作者の羽海野チカが新房昭之監督とシャフト以外ならアニメ化しなくていいとまで言った『3月のライオン』などがある。

個々の作品について語っていくと、それだけで本が一冊書けそうなので、『〈物語〉シリーズ』にしぼって書いてみたい。いちばんの特徴は原作ファンをがっかりさせない作り方をしている点だ。原作の小説世界を単純にアニメに変換するのではなく、小説の文字情報をアニメにも生かす手法だ。サブリミナル映像のように一瞬で消える文字が頻繁に挿入される。旧字体の文字を多用して、文字を記号として扱ったり、デザインの一部にしたり、とにかく独特のパワーが文字に宿っている。書体はレトロ感がある明朝体で、旧字体表記にすることで独特の味わいを醸し出している。その結果、誰も見たことがない画期的な映像表現になっている。何でもかんでもアニメにして動かせばいいんでしょという作り方は絶対にしない。基本的に原作に忠実な作り方だ。

次に表現に妥協しない点だ。そんなことは当たり前だと読者に叱られるかもしれないが、『鬼物語』（二〇一三年）を制作しているときにどうしても尺に収まらず一分オーバーしてしまうことがあった。制作の都合で放送時間を一分拡大することはできない。普通なら無理にでも編集して尺に収めるのだが、新房昭之がとった方法は、CM枠を一分間買い取ることだった。どうすればよりよくなるか、ファンに喜んでもらえるかを考えて、アニメを犠牲にしない道を選んだのだ。

『〈物語〉シリーズ』はセリフが多い。そのため、映像にセリフが入りきらないことがある。『傾物語』（二〇一三年。以下、少しだけネタバレあります）で忍野メメが長々としゃべるシーンがあり、どうしても映像からセリフがこぼれてしまう。セリフを映像の尺に収めるために、いったいどうしたか。ワンフレーズ言い終わるか終わらないかのタイミングで次のセリフの頭部分を入れ、そのフレーズの語尾に次のセリフを続けて入れるというふうにかぶせていって調整した。ブレスなしで長ゼリフを言うかたちになるので、現実には不可能なしゃべり方だ。それなのに違和感がない。ブレスをなくして時間を短縮する発想も驚きだが、違和感がない演出にする処理はさすがと言うしかない。「日経エンタテインメント！」二〇一七年二月号・特装版（日経BP社）のインタビューで、忍野メメ役の櫻井孝宏がこのシーンのアフレコのエピソードを明かすまで、わたしはまったく気がつかなかったほどだ。まさか映像にセリフが収まらなかったとは、新房監督に見事にやられてしまった。

シャフトを語るうえで背景描写は無視できない。いまのアニメはロケで撮影した風景をできるだけ正確に再現して作画する傾向にある。しかしシャフトは情報を限界まで削ってシンプルな風景で描く。通行人さえ描かない。アールデコを意識した直線だけの描写だったり、色数が極端に少なかったり、輪郭線をなくしてグラデーションをかけるといったものだ。あるいは、同じオブジェクト（たとえば信号機）をいくつもコピペして空間を埋める。ミニマルデザイン（この場合は、余分なものを一切描かないことでシンプルかつ洗練されたデザインにしたもの）

にすることで、視聴者に状況や意図が伝わりやすくしている。また、一点透視図法の遠近描写や、シンメトリーの表現が多い。その結果、映像に安定感が生まれ、物語に忠実な世界を構築できる。画面が途中でシネスコサイズ（映画館のスクリーンサイズ）になるのもユニークだ。

一方で冒険もしている。モノクロのスチール写真とイラストをためらわずに組み合わせて見せている。実写と見間違うほどのフォトリアルな3DCGで表現したかと思えば、ラフ画で人物を表現するなど、さまざまなチャレンジをしている。

シャフトの面白いところは、大胆なオマージュのカットやシーンだ。詳しく説明してしまうとつまらないので、少しだけ紹介しよう。もし気が向いたらどの場面か探してみてほしい（盛大にネタバレします。ここからは読みやすさを優先して作品タイトルだけを列記します）。

アニメへのオマージュは、『憑物語』（二〇一四年）で『美少女戦士セーラームーン』『鉄腕アトム』『ルパン三世』『魔法少女まどか☆マギカ』のほか、アニメではないが『ウルトラマン』も登場する。『偽物語』（二〇一二年）の『AKIRA』、『傾物語』の『ドラえもん』など。

映画へのオマージュは多く、スティーヴン・キング原作のホラー小説をスタンリー・キューブリック監督が一九八〇年に映画化した『シャイニング』に出てくるホテルのカーペットが『憑物語』のなかで確認できる。『恋物語』（二〇一三年）では近未来の地球を舞台にした映画『ブレードランナー』の都市夜景や、二〇〇一年に公開されたミュージカル映画『ムーラン・ルージュ』の舞台となったキャバレー、ムーラン・ルージュの外観が出てくる。『花物語』（二〇一四年）では、ジャン＝リュック・ゴダール監督のフランス映画『中国女』（一九六九年）の赤い本が大量に描かれている。映画『ひまわり』（一九七〇年）の広大なひまわり畑のシーンをパロディーにしたものが『暦物語』（二〇一六年）に出てくる。『終物語』（二〇一五年）では「007シリーズ」一作目となる『007ドクター・ノオ』のオープニングのオマージュがある。

アートへのオマージュもたくさんある。『憑物語』には、レオナルド・ダ・ヴィンチの「ウィトルウィウス的人体図」が宇宙空間に描かれている。『傾物語』では、ドイツの画家ダーヴィト・フリードリヒが描いた「雲海の上の旅人」、『終物語』には、シュルレアリスムの画家ルネ・マグリットや、だまし絵で有名なマウリッツ・エッシャーのオマージュが出てくる。また、『化物語』の私立直江津高校の一部構造はバチカン美術館の二重螺旋階段に似せている。

さらにオマージュではないが、バラバラにリズムを刻むメトロノームが背景一面を覆っていて、CMが明けるとそれらのリズムがひとつに同期している様子が『終物語』で描かれている。実際に複数のメトロノームを同じ台に乗せて台を揺らすと、同期して針がすべて同じ動きになる。『終物語』のなかでそれがいったい何を意味するのか。バラバラだった事柄がひとつにつながり謎が解けることを意味するのか、単に時間経過を示しただけなのか。それぞれのオマージュも深読みするといくらでも掘り下げられそうだ。しかし、その意味に気づかなくても十分楽しめるストーリーになっている。

シンプルなミニマルデザインだからオマージュを差し込んだり、一面メトロノームにしてしまうような表現方法ができる（ここまでの独創的な表現をいくつか資料図に掲げた）。めちゃくちゃなようで原作を壊さずに作品の世界観を構築している。すべてアニメだからこそできることだ。『化物語』のなかで「私の声を担当している声優さんは優秀なのよ」「声優？ この世界ってアニメだったの」というメタフィクションが出てくるが、これは原作のままだ。こういう場面は原作がアニメ化されることで一層面白くなる。原作とアニメの相乗効果によって、作品の温度がぐっと上がり、イメージも広がっていく。

Blu-ray『化物語』第１巻（アニプレックス、2009年）「ひたぎクラブ 其ノ貳」
部屋の壁に大量に貼られた古い新聞広告。文字を背景デザインとして扱っている

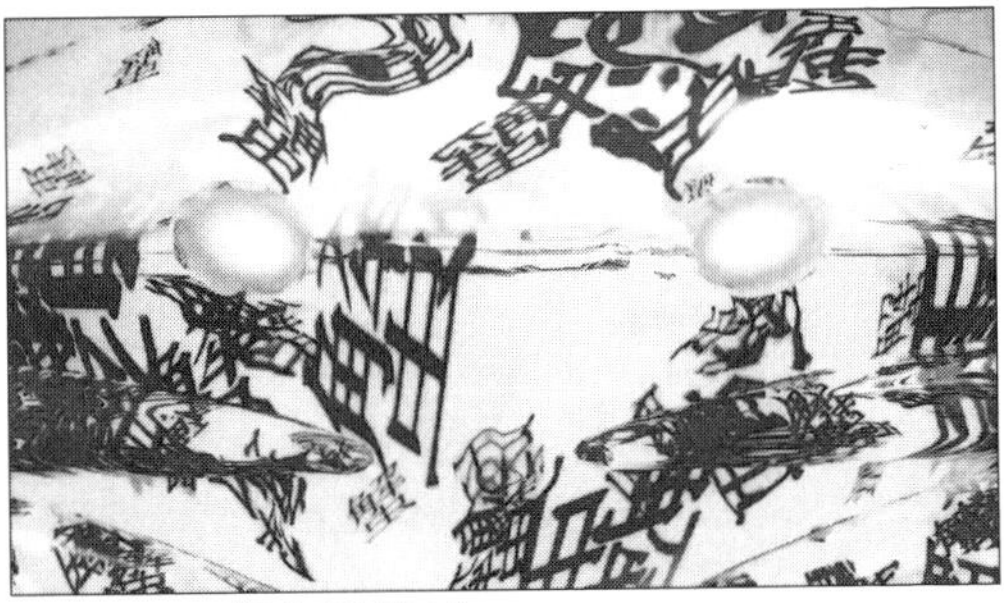
前掲、Blu-ray『化物語』第１巻
見えない蟹の怪異を「蟹」という漢字を使って可視化している

Blu-ray『囮物語』第2巻（アニプレックス、2014年）「なでこメドゥーサ 其ノ參」
シンメトリーで直線だけで構成されたアールデコ表現

わたしはマンガやラノベ、小説を読むとき、これがもしアニメ化されたらどうなるのだろう、シャフトだったらどんな演出でどんな空間になるだろう、とつい想像しながら読んでしまう。この原作はSILVER LINK.かな、J.C.STAFFかな、とアニメ制作会社を想像することもある。好きな声優の声でマンガのセリフを脳内で読んだ経験がある人も少なくないと思う。アニメ化されたあとから原作を初めて読む場合は、まちがいなく放送されたときの声優が脳内でしゃべっている。

Blu-ray『傾物語』第1巻（アニプレックス、2013年）「まよいキョンシー 其ノ貳」
一点透視図法とシンメトリー表現と、信号をコピペして余計なものは一切描かないミニマルデザイン。グラデーションが強調されている

前掲、Blu-ray『化物語』第１巻
モノクロの風景写真にイラストを組み合わせている

Blu-ray『終物語』第2巻（アニプレックス、2016年）「そだちリドル 其ノ貳」
壁一面のメトロノームがすべて同期している

原作とアニメがうまく共鳴すると楽しみ方の幅が広がっていく。そういう広がりこそアニメの可能性だし、未来につながることだと信じている。

終章

サブカルチャーから メインカルチャーへ

大げさなタイトルをつけてしまったが、終章というより長いあとがきだと思って読んでいただきたい。

本書をどんな人が手に取ってくれるのだろう。それを常に考えていた。アニメや声優が好きと言っても、ロックが好きですと言うのと同じで範囲が広すぎる。深夜アニメを録画しまくってハードディスクの容量がギリギリの中学生と、「ファーストガンダム」をリアルタイムで見ていた五十代のオジサンとでは、親子以上の年齢差がある。生きてきた時代も違うし、アニメや声優の捉え方も違う。それだけ日本のアニメには歴史がある。ヲタク文化だと言っているが、すでに立派な歴史あるメインカルチャーだ。

あまり意識したことはないが、知らないうちに日本のアニメ史は百年にもなる。日本で初めてアニメ映画が制作発表されたのが一九一七年のことだ。と何でも知っているかのように書いてしまったが、本書を執筆中にたまたま日本アニメ百周年の番組を見てしまったのだ。

一世紀のアニメの歴史を実感している人は少ないだろう。特に十代の若者にアニメの歴史を語ってもあまり興味を示してくれない。わたしが専門学校で講師をしているときに、ある学生がスポーツアニメを特集した雑誌を作ったことがあった。『ハイキュー!!』や『弱虫ペダル』を取り上げて、その学生の視点で熱く語った記事はなかなか読み応えがあり、よくできた雑誌だった。

しかし、ある講師がその学生の記事について「いまのスポーツアニメの特徴として語っているが、すでに『SLAM DUNK』でやっていた手法だよ」と指摘した。『SLAM DUNK』は一九九三年から九六年にかけて放送されたアニメだ。その雑誌を作った二十歳の学生は『SLAM DUNK』を見ていなかった。バスケットボール未経験の不良がバスケ部に入り、インターハイ優勝を目指す物語で、のちのスポーツアニメに大きな影響を与えた。「あきらめたらそこで試合終了」というセリフは名言になっている。そのセリフだけを知っている人も多いだろう。

『SLAM DUNK』の放送が始まったとき、その学生はまだ生まれていなかった。いま放送しているアニメを消化するのに精いっぱいで過去の名作を一話から見ていく余裕はなくて当然だ。しかし、その学生は、指摘されたのがよほど悔しかったのか、アニメ専門チャンネルで全百話ほどある『SLAM DUNK』をコツコツと見始めた。

わたしの考えは前述の講師とは少し違っていて、アニメの歴史を知っていても知らなくてもどちらでもいいと思う。もちろん歴史を知ったほうが面白いのは明白だが、知らないからといって現在放送されているアニメを楽しめないわけではない。それより、いまのスポーツアニメを見て、たとえ無意識でも『SLAM DUNK』から受け継がれてきた手法に気づいたことが素晴らしいと思う。『SLAM DUNK』を知っているか知らないかは問題ではなく、『SLAM DUNK』のＤＮＡを感じ取る嗅覚が大切だと思う。歴史の積み重ねとはそういうものだ。

スポーツアニメ特集の雑誌という性質（というか媒体の役割）を考えると、『SLAM DUNK』の歴史を頭に入れておかないと、たしかに説得力が弱くなってしまう。そう思ってその講師は指摘したのだろう。

同じように過去の名作としてよく出てくるのが、大友克洋の名作『AKIRA』だ。一九八八年に公開された劇場アニメで、十億円を投じて製作委員会方式で制作された。海外のアニヲタにも『AKIRA』ファンは多い。「『AKIRA』は見ておくべき」という声を何度も耳にしてうんざりしている若者は多いかもしれない。見れば現在のアニメにつながる発見がたくさんあると思うが、まあ機会があれば見てみるのもいい、というのがわたしの意見だ。

たとえば、『AKIRA』の残光表現（バイクのテールランプが、異常に長い光の帯で描かれている）は、無数のアニメがまねをしている。無数と書いたのは決してオーバーではなく、本当にこの残光表現のオマージュは多い。『AKIRA』を見たことがない若者が、いまのアニメを見て、あの光の帯が格好いいとか、特別な意味がありそうとか、何かを感じ取ったとしたら、それだけで歴史の意味はあると思う。もちろん歴史を掘り下げるのが大好きという人がいれば『AKIRA』はやはり見たほうがいい。でも、気が進まない相手に見るべきだと言って強要するのがいやなのだ。興味がない相手に作品の魅力をひたすら語ってもあまり意味がないと思っている。

本書を書くにあたって、どうしても歴史を振り返る箇所がいくつかあった。できるだけ読者のストレスにならないよう心がけたつもりだ。それに序章でも述べたが、アニメ作品自体の研究や分析も極力避けるようにした。それよりもメディアを軸にアニメ、声優、アニソンを語れば、歴史よりも研究分析よりも興味深いものが見えてくると思った。かつてサブカルチャーだったヲタク文化が、いまやメインカルチャーになって、世界に発信するようになったのだから、メディア視点で語るのがいちばんだと思った。

ヲタク文化がメインカルチャーの地位を獲得したのは、メディアの力と海外での人気にほかならない。日本のヲタク文化にふれる観光ツアーが組まれるようになったのは、強いニーズが以前からあったからだ。スシや京都や富士山やショッピングだけがニーズだったら、ヲタク文化はサブカルチャーのままだったと思う。何もしないのに勝手にニーズは生まれない。メディアがヲタク文化を世界中に運んでくれたのだ。クールジャパンは恥ずかしいマニアックな文化ではなく、世界に誇れるメインカルチャーなのだ。

わたしが講師をする学校には毎年留学生がやってくる。日本に興味をもったきっかけを聞いてみると、かつては嵐やKinKi Kidsの名前をあげ、行ってみたいところは京都と答えることが多かった。そのうちきっかけがアニメに変わり、メイドカフェに行ってみたいになっていった。最近では好きな声優について話をしていると、わたしより詳しい留学生もいる。うれしい半面、メディアの力に少し脅威を感じる。

いまわたしの手元に『深夜アニメスタディーズ』（ムゲンノホシゾラ、二〇一五年）という評論本がある。書いたのはアニメ関係のテレビ番組の企画構成をしている安斎昌幸だ。前述のアニメ百周年の番組も彼の構成だ。そしてわたしが欠かさず見ている松井玲奈と西川貴教の『アニマゲー（AniMaGa）』（ＭＢＳテレビ）の構成も安斎がしている。アニメとマンガとゲームが番組の三本柱で完全にヲタクをターゲットにしている。ヲタク以外を寄せ付けない割り切った番組で、わたしは毎回楽しみにしている（月に一回の放送だったが、二〇一七年四月以降は放送されていない）。

『深夜アニメスタディーズ』のなかで『アニマゲー（AniMaGa）』の視聴者の反応についてふれている部分がある。過去作品の紹介や分析、批評に対して視聴者は批判的で、そういう番組内容はあまり求めていないらしい。それでも作品を掘り下げる必要があると安斎は書いている。個人的には『深夜アニメスタディーズ』を興味深く読むことができた。『アニマゲー（AniMaGa）』でおこなっている掘り下げ方もわたしは好きだ。

そこで、本書を執筆するにあたり、アプローチの仕方について、あれこれ考えてみた。アニメ史、作品分析、批評などの本はもうすでにあるので（ネット記事にもたくさんある）、少し別のところを掘り下げたり、予想外のところで立ち止まって振り返ったりしてみたいと思った。研究するなら作品ではなく、メディアのほうだと考えた。そのうえで、第4章をあえてぶつけてみた。こういう作品研究のやり方ならいやじゃないでしょ、という読者への問いかけでもある。

日々大量にネットにあふれるアニメの感想や考察、ツッコミなどの言葉についても考えてみた。わたしも毎日何かをネットの海に流しているが、膨大な言葉の波にすぐ消えてしまう。どれだけの人の目にふれたのかよくわからない。誰も見ていないかもしれない。そんな時代だからこそ、紙に印刷した書籍のかたちで自分の言葉を残したいと思った。十五世紀から続くこのやり方で、メディアやアニメの未来について語るのも悪くない。

最後に裏話をすると、二〇一五年、デアゴスティーニ・ジャパンが、企画を一般募集したことがあった。そこでわたしは「週刊アニメ声優完全ファイル」のような企画（詳細はもう忘れてしまった）を出したが、見事ボツになった。そのリベンジとして、だったら企画を徹底的に練り直して自分で出版してやろうと考えた。だから本書は認めてもらえなかった悔しさからスタートしている。

ちなみに、スポーツアニメ特集を作った学生は、東京の某ヲタク系編集プロダクションで編集者として立派に働いている。彼女も悔しさから這い上がったかいがあった。

そしていちばん大切なのは、アニメや声優、アニソンへの深い愛情だ。世代が違っても、国が違っても、つながっているのはピュアな愛情なのだ。

［著者略歴］
落合真司（おちあい・しんじ）
大阪府生まれ
創造社デザイン専門学校で非常勤講師
著書に『80年代音楽に恋して』『音楽業界で起こっていること』『音楽は死なない！』『音楽業界ウラわざ』『小田和正という生き方』『中島みゆき・無限軌道の旅』（いずれも青弓社）ほか

90分《ぷん》でわかるアニメ・声優業界《せいゆうぎょうかい》

発行………2017年8月11日　第1刷
定価………1600円＋税
著者………落合真司
発行者……矢野恵二
発行所……株式会社青弓社
〒101-0061 東京都千代田区三崎町3-3-4
電話 03-3265-8548（代）
http://www.seikyusha.co.jp
印刷所……三松堂
製本所……三松堂

ISBN978-4-7872-7404-5 C0074